OBERBAYERN

sehen & erleben

OBERBAYERN

Fotografie und Text
Hubert und Petra Neuwirth

SCONTO

Inhalt

Die Aufnahmen der Inhaltsseiten zeigen im Uhrzeigersinn geschmückte Pferde beim Traunsteiner Georgiritt (oben), den Chiemsee mit Fraueninsel und Hochgern, den Gipfelweg auf den Wendelstein, eine Blumenfrau auf dem Viktualienmarkt in München und die Gaststätte Buchscharner Seewirt in Ambach am Starnberger See.

Die Abbildung auf Seite eins zeigt die Figur des heiligen Florian an einem Brunnen im Gries in Bad Tölz, auf Seite zwei ist die Kirche St. Anna in Schondorf am Ammersee zu sehen.

Wo Bayern am bayerischsten ist 13

Oberbayerisches Mosaik 13
Die Landschaft 13

Die Kammern des Hauses 15
Der Norden 15
München und das Fünfseenland 16
Lechtal, Ammergebirge und
  Pfaffenwinkel 17
Werdenfelser Land und Karwendel 18
Isar- und Loisachland 18
Tegernseer und Schlierseer Berge 19
Inntal und Salzachgau 19

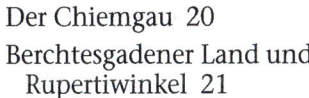

Der Chiemgau 20
Berchtesgadener Land und
 Rupertiwinkel 21

Rückblick auf drei Jahrtausende 21
Herkunft und Eigenart der Bayern 22
Von den Anfängen zum Römerreich 22
Frankenreich und frühes Mittelalter 23
Die Wittelsbacher 23
Oberbayern im 20. Jahrhundert 24
Schatzkammer der Kunst 25

**Brauchtum und Feste im
Jahreslauf 26**
Ursprung und Gegenwart 26

**Oberbayerischer
Brauchtumskalender 26**
Winter und Fasnacht 27
Ostern, Frühling und Mai 27
Sommer und Erntedank 28

Wallfahrten 30
Das Typische der Wallfahrtskirchen 30
Wallfahrten in unserer Zeit 30

Oberbayern – auf Salz gebaut 31

Hopfen und Malz 31
Ein Kapitel Biergeschichte 32

Der Föhn 33

Geschützte Natur 34
Naturreservate 34
Nationalpark Berchtesgaden 34
Naturschutzgebiet Chiemgauer Alpen 35
Naturschutzgebiet Karwendelgebirge 35
Naturschutzgebiet Ammergebirge 36
Weitere ursprüngliche Naturräume 36

Die Bilder 37

Die Karte 120

*Siebenmal unterwegs in
Oberbayern 121*

Annäherung von Norden 121
Die Deutsche Alpenstraße 123
Fünfseenland – Lech –
Pfaffenwinkel 123
Starnberger See – Land um Isar und
Loisach – Werdenfels – Ammergau 127
Mangfalltal – Tölzer Land – Tegernseer
und Schlierseer Berge 130
Inntal, Chiemsee und Salzachgau 133
Chiemgauer Alpen – Berchtesgadener
Land – Rupertiwinkel 136

Register 142

Impressum 143

Ein dichtes Netz von
Wanderwegen erschließt
die landschaftlich reiz-
volle Umgebung von Bad
Tölz im Isarwinkel. Wer
von hier aus in südwest-
licher Richtung wandert,
erreicht den Blomberg
(1248 m), von dessen
Gipfel aus der Blick bis
weit hinüber zum Kar-
wendelgebirge reicht.

Das Berchtesgadener
Land, ganz im Südosten
Deutschlands gelegen,
ist einer der reizvollsten
Alpenwinkel und ein
beliebtes Ausflugs- und
Wandergebiet. Vom
Jenner schaut man über
die Büchsenalm zum
Königssee, zum Watz-
mann und auf das
Steinerne Meer.

*Meisterstücke der
sakralen Kunst im
oberbayerischen Alpen-
vorland: Links die
Wallfahrtskirche »in der
Wies«, eine der reifsten
Schöpfungen des bayeri-
schen Rokoko, erbaut
zwischen 1746 und 1754
von Dominikus Zimmer-
mann. Oben musizieren-
de Putti in der in über-
schwenglichem Barock
ausgestatteten ehemali-
gen Klosterkirche
von Rottenbuch im
Pfaffenwinkel.*

Sportliches Vergnügen steht in Oberbayern hoch im Kurs. Eine besondere Herausforderung für Kajakfahrer ist diese Sprungschanze in einem Teilstück der Ammerschlucht, die der Fluß 80 Meter tief eingegraben hat.

Herbststimmung am idyllischen Geroldsee bei Klais. Im Wasser des Gebirgssees spiegelt sich das mächtige Massiv der Karwendelkette mit der Tiefkarspitze (links, 2431 m) und der Westlichen Karwendelspitze (2385 m).

Wo Bayern am bayerischsten ist

Oberbayern stellt sich auf zweierlei Arten dar: Einmal in den Köpfen der Ordnungsmenschen durch Zahlen, anders in den Herzen seiner Freunde. Für erstere ist Oberbayern nur einer der sieben Regierungsbezirke des Bundeslandes Bayern, entstanden 1838 – übrigens mit 17 530 Quadratkilometern Fläche der größte in Deutschland, größer als das Bundesland Schleswig-Holstein –, bewohnt von 3,8 Millionen Menschen. Seine Grenzen bilden im Süden die Alpen, im Osten die Salzach und im Westen der Lech, während sich im Norden seit 1972 ein keilförmiges Gebiet über die Donau hinweg und über Ingolstadt hinaus bis in das Altmühltal vorschiebt.

Für jene, die mit dem Herzen denken, sind diese Fakten zweitrangig. Für sie ist Oberbayern ein bevorzugtes Stück Erde zwischen München und den Alpengipfeln, im Miteinander von Wald, Fluß, See und Gebirge schön gestaltet; geschmückt und garniert mit Bauerngärten und Obstangern, Almhütten und Zwiebeltürmen, mit irdischdeftiger Gaudi im Bierkeller und vergeistigtem Jubel im Rokoko der Kirchen.

Die Vielfalt Oberbayerns als Reiselandschaft und Ferienziel ist kaum mehr zu überbieten. Es gibt nahezu alles für fast jeden Anspruch, und alles ist in der Nähe. Man braucht nur seine Wahl zu treffen: Wandern, schwimmen, segeln, klettern, kajakfahren, rudern, angeln, radfahren, gleitschirmspringen, skifahren, mit dem Schiff, dem Floß oder dem Ballon fahren. Man kann erstklassig und teuer speisen im Gourmetrestaurant oder einfach und gut essen im Dorfgasthaus. Man kann Theater und Konzerte besuchen, Schlösser, Museen und Kirchen besichtigen oder schlichtweg nur Kaffee trinken und faulenzen.

Eines der vertrautesten Bilder ist das oberbayerische Bergland. Es umfaßt zwar kaum ein Fünftel der Landesfläche, ist aber unentbehrlich als dramaturgisches Bühnenbild.

Etwas Theatralik gehört in Oberbayern zur Lebenswürze; ein Hauch davon schwingt überall mit: Beim Gepränge der Tölzer Leonhardifahrt, bei den musizierenden Engeln in der Rottenbucher Kirche, beim Geknalle der Goaßlschnalzer, in der gespenstischen Stille bergländischer Rauhreifnächte und sogar beim Wippen des Gamsbarts auf dem Trachtenhut.

In diesem Mosaik Oberbayerns dürfen die berühmten Anziehungspunkte wie Olympiastadion und Neuschwanstein, Zugspitze und Königssee, Ettal und Wieskirche nicht fehlen. Daneben aber wollen Fotos und Texte zu Eindrücken anregen, die zu einem wertvolleren, weil persönlichen Besitz werden können. Dies kann vielerlei sein: Ein spontan angestimmtes Lied auf einer Berghütte, die ehrfürchtigen Gesichter der laternentragenden Kinder beim Martinsumzug, die beglückende und erholsame Gipfelrast über einem Wolkenteppich oder das Glockengeläut einer einsamen Feldkapelle. Bei aller vorprogrammierten Herrlichkeit: Auch Oberbayern erlebt man zuweilen dort am schönsten, wo kein touristischer Fanfarenstoß dies ankündigt.

Oberbayerisches Mosaik

Die Landschaft

Arkadien, Landschaft des Peloponnes ... das Schäferland, in dem es sich arkadisch, ländlich-sorgenfrei leben läßt. So steht es im Lexikon. Wer jemals im Dreieck zwischen Kalavrita, Olympia und Tripolis nach diesem Traumland gesucht hat, der weiß, daß es dort nicht liegen kann.

Viel wahrscheinlicher ist, daß sich Arkadien irgendwo zwischen Schongau, Schliersee und Tittmoning verbirgt. Schon wahr, Oberbayerns Landschaft kommt dem Ideal einer bukolischen Welt sehr nahe. Vom Gebirge erhält sie die Dramatik, von den

Blick auf das vorweihnachtliche Lichtermeer auf dem Christkindlmarkt, der jedes Jahr auf dem Münchner Marienplatz stattfindet. Im Hintergrund ist das Alte Rathaus zu sehen

Flüssen die Frische, von den Seen die heitere Gelassenheit, von den Wiesenhügeln die Anmut und von den Mooren die sanfte Melancholie. Eine atemraubende Vielfalt, die dennoch ästhetisch und geordnet wirkt.

Von den Felsgipfeln der Berchtesgadener Alpen, des Karwendel- und Wettersteingebirges senkt sich die Landschaft bald gemächlich, bald schroff talwärts, verharrt, auf der Landsohle angekommen, kurz bei den vorgelagerten Niederungen der Moore und Seen, zieht sich dann weit nordwärts ausschwingend über die schwäbisch-bayerische Hochebene zum Tal der Donau, die all ihre Flüsse und Bäche aufnimmt. Von Ebene im geometrischen Sinn kann allerdings keine Rede sein. Überall zwischen Salzach und Lech ist man in einer buckligen Welt voller Moränenhügel, die von Flußtälern durchfurcht und mit mehr als 100 Seen jeder Größe geschmückt wird. Die Hügel sind allgegenwärtig. Ihre Kuppen ragen selbst in den Filzen vorwitzig als Köchel und in den Seen als Inseln heraus. Die einzige größere, ebene Fläche ist die Münchner Schotterebene. Die ist aber fast vollständig mit Baulichkeiten der Stadt München und ihren umliegenden Gemeinden besetzt. Gleich dahinter, mit dem Schloßberg von Dachau und dem Domberg von Freising, beginnt das tertiäre Hügelland, dessen fruchtbare Lehmböden mit dem Holledauer Hopfenland in sanften Dünungen zum Urstromtal der Donau hin ausklingen.

Als Rohling entstanden ist Oberbayerns Landschaftsgestalt im Tertiär vor 70 Millionen Jahren, als die Kalkalpen aufgefaltet wurden; Feinschliff erhielt sie im Quartär (vor 600 000 bis 12 000 Jahren), als sich in vier Eiszeiten bis zu 800 Meter dicke Gletscherströme über das Land schoben. Sie

Ob Wanderung auf die Zugspitze (links) oder Seilbahnfahrt auf den Wendelstein (rechts): Bei klarem Wetter herrscht gute Fernsicht.

häuften die Moränenhügel übereinander, ihre Schmelzwasser gruben die Rinnen der Flüsse. Wo sie nicht abfließen konnten, blieben Seen zurück, von denen viele im Lauf der Jahrhunderte zu Mooren verlandet sind. Für den Reisenden ist Oberbayern ein Land voll visueller Freiheit, kaum irgendwo wirkt etwas verwinkelt und verschlossen. Selbst aus den von Toren und Mauern umschlossenen alten Märkten schweift der Blick frei und weit zu den Bergen; von Schongau wie von Tölz, Murnau oder Traunstein, von Dachau oder Freising.

Ausnehmend schön sind die Aussichtswarten im Alpenvorland: Die Ilkahöhe bei Tutzing, der Hohe Peißenberg, die Aidlinger Höhe bei Habach, der Taubenberg bei Warngau, die Ratzinger Höhe bei Rimsting, der Johanneshögl bei Piding, der Westerbuchberg in den Kendlmühlfilzen und noch einige mehr.

Wer dort in die Runde schaut, mag empfinden wie David Montagu, britischer Botschafter am bayerischen Hof, der sich 1832 von seinen Gastgebern in Possenhofen mit dem schlichten Satz verabschiedete: »Ich habe Schöneres nirgendwo gefunden.«

Die Kammern des Hauses

Der Norden

Nicht nur der Fremde ist erstaunt, daß Oberbayern nicht bei Dachau und Freising beginnt, sondern schon bei Greding im Altmühltal. Dies paßt zwar nicht in das Klischee vom bergumkränzten und seengarnierten »Wonderful Bavaria«, ist aber nun einmal geographische Realität.

Der Regierungsbezirk erstreckt sich nördlich von München zungenförmig über das Donautal hinweg bis zu den Jurahöhen der Eichstätter Alb. Teile davon, wie die Gebiete um Eichstätt und Neuburg an der Donau, kamen erst durch die Gebietsreform von

Im Süden Oberbayerns bieten sich Garmisch-Partenkirchen und Mittenwald als Ausgangspunkte für große und kleine Wanderungen an. Hier beim Aufstieg zur Linderspitze, gegenüber die Westliche Karwendelspitze.

1972 dazu; oberbayerisch im ethnischen und kulturhistorischen Sinn sind sie nicht. Alle anderen Gebiete gehören seit alters zum oberbayerischen Kernland, manche Orte wie zum Beispiel Ingolstadt, Scheyern und Freising sogar zu den Brennpunkten Altbayerns.

Die Landschaft ist, vom Altmühltal abgesehen, ohne dramatische Akzente, sanft und behäbig geformt, harmonisch gegliedert in Feldfluren und Wälder, Hopfengärten und Spargelkulturen. Ein Bauernland, das noch einiges bewahrt hat von der ursprünglichen Einheit zwischen Mensch, Tier und Landschaft. Nur eine, von der Ölindustrie ge-

prägte Großstadt, Ingolstadt, gibt es in diesem Gebiet, aber viele altertümliche Märkte und Dörfer, die voll sehenswerter Einzelheiten stecken.

München und das Fünfseenland

»Vom Ernst des Lebens halb verschont, ist der schon, der in München wohnt«, resümierte vor Jahren der Dichter Eugen Roth. Wer heute die Preise für Wohnungsmieten sondiert, wird den Wahrheitsgehalt dieses Reims allerdings bezweifeln. Dennoch möchte kaum einer, der hier seßhaft geworden ist, freiwillig wieder weggehen.

München ist mit seiner Mischung aus Urbanität und Gemütlichkeit, Lebensfreude und Weltverdruß, Üppigkeit und Skurrilität für viele die Traumstadt schlechthin. Der Besucher kann Oberbayern kaum erleben, ohne München kennenzulernen. Die Stadt ist Kopf und Herz des Landes. Nicht etwa eine feudale, aufgepfropfte Hauptstadt, gleich einem Bauernmädchen, das sich als Primadonna aufspielt – München ist solidarisch mit der bayerischen Lebensart, die ihm aus seinem bäuerlichen Umland zuströmt, die es aufnimmt, filtert und in die weite Welt hinausstrahlt.

Als Reiseziel und Ferienstadt hat München ein fast unerschöpfliches Füllhorn mit Angeboten parat. Ob Theater, Musik, Museen, Mode, Shopping, Show oder Sport, Erbauung oder Erholung, Gastronomie und Geselligkeit – jeder Gast kommt auf seine Kosten und erhält als Zugabe ein reiches Programm an Festen und Veranstaltungen, die vom Fasching bis zum Christkindlmarkt und vom Starkbieranstich bis zum Oktoberfest reichen.

Aus städtebaulicher Sicht begeistert München mit dem eng gedrängten Stadtkern, dem Überschwang seiner Kirchen und Brunnen, den klassizistischen Fluchten der Fassaden, Kolonnaden und Arkaden, dem poetischen Zauber seiner Gärten und Parks. Im Süden wird die Stadt halbkreisförmig von einem breiten Waldgebiet umschlossen. Dahinter befindet sich, identisch mit dem Kern der alten Grafschaft Andechs, das Fünfseenland, zu dem Starnberger See, Ammersee, Wörthsee, Pilsensee und Weßlinger See gehören.

Entdeckt und erschlossen wurde das Gebiet seit dem 17. und 18. Jahrhundert von der höfischen Gesellschaft, heute ist es das angestammte Ausflugs-, Bade-, Segel-, Surf- und Freizeitrevier der Münchner. Auf relativ kleinem Raum bietet sich ein anregender Wechsel zwischen malerisch hügeligem Bauernland, verschwiegenen Wäldern, romantischen Schloßvillen, elegischen Moorwiesen, heimeligen Dörfern, versteckten Weihern und den großen, sonnenflimmernden Seenspiegeln.

Lechtal, Ammergebirge und Pfaffenwinkel

Was im Osten die Salzach, ist im Westen der Lech: Die Grenzlinie des altbayerischen Kernlandes. Hier ist die Grenze aber nicht abrupt gezogen; die Tallandschaft ist eher ein breiter Nahtstreifen zwischen Bajuwaren und Alemannen, zwischen Oberbayern und Schwaben, in dem sich die Einflüsse mischen. Man hört es an der Sprache, dem »Lechrainischen«, sieht es an der Architektur, die in Landsberg, Schongau und Füssen der reichsstädtisch-wehrhaften Gestalt Augsburgs näher verwandt ist als dem altbayerischen Ortstypus mit den langgestreckten, luftigen Marktplätzen.

Die Landschaft im Südwesten Oberbayerns präsentiert sich nicht mehr so augenfällig-plakativ wie um Garmisch-Partenkirchen, nicht so strahlend heiter wie im Fünfseenland. Sie zeigt sich hier zurückhaltender, bescheidener, intimer, stellenweise überhaucht von Melancholie. Vorherrschend ist

das lichte Grün der Wiesen, das bergwärts mehr und mehr übergeht ins Dunkelgrün der Nadelwälder, die wiederum zur Bergwaldregion der Ammergauer Alpen überleiten. In den Tälern tauchen Zwiebeltürme auf wie die Masten versunkener Schiffe, Pfaffenwinkel nennt man diese Gegend, weil man hier die meisten und schönsten Klöster und Kirchen findet.

Die Grenzen des Pfaffenwinkels sind nicht fest gezogen. Man kennt den geistig-künstlerischen Mittelpunkt, Kloster Wessobrunn, das die meisten Besucher enttäuscht, weil seine Qualitäten nach der Säkularisation und dem Abbruch nicht mehr vor Ort,

Bei einer Rast an der Karwendelgrube schweift der Blick hinüber zu Pleisen-, Riedlkar- und Ödkarspitze. Trotz des herrlichen Panoramas sollte man die Alpendohlen im Auge behalten, die gern an der Mahlzeit teilhaben wollen.

Im Freilichtmuseum Glentleiten zwischen Loisachtal und Kochelsee demonstriert diese Bäuerin die Funktionsweise eines Spinnrads.

sondern in den ungefähr 3000 Kirchen und Palästen fortleben, an deren Entstehen die »Wessobrunner Bau- und Stukkatorenschule« mitgewirkt hat. Man kennt von den vielen Kirchen die monumentalste, Ettal, und die schönste: Die Wieskirche auf einer Lichtung vor den Trauchgauer Bergen.

Werdenfelser Land und Karwendel

Das Land vor der Zugspitze ist das Herzstück des deutschen Anteils an den Alpen. Wettersteingebirge und Karwendel türmen sich fast 3000 Meter hoch über der oberbayerischen Landschaft auf.

Vor ihnen liegt ein Gebiet, das Motive wie kein anderes für die Vielfalt des Landes präsentiert: Die Fenster geschmückt mit Geranien, die Dörfer mit ihren Zwiebeltürmen eingeschmiegt in die Talmulden.

Mit ihren verspielten Lüftlmalereien wirken die Hausfronten in Mittenwald, Partenkirchen, Oberammergau und Wallgau wie die Bühnenbilder für einen bayerischen Schwank. Dann wieder, wie in Murnau, sehen die geschlossenen Marktstraßen streng, sachlich, bürgerlich nobel aus.

Zumeist strahlt bukolische Heiterkeit aus den Veduten von Hügel, Bach und Wald. Doch überall stehen Kontrapunkte daneben: Die Urgewalt nackter Felswände, die von zarter Melancholie überlagerte Weite des Murnauer Mooses, das Gruselkabinett der Höllental- und Partnachklamm, der nordisch-kühle Ernst am Walchensee oder Eibsee. Das »Goldene Landl« hat man es einst genannt. Mittenwald und Partenkirchen beherrschten mit ihrem Transportmonopol die wichtigste Straßenverbindung über die Alpen, die von Italien über den Brenner nach Augsburg führte. Dieser Umstand füllte nicht nur Stapelplätze und Lagerhäuser, sondern auch die Geldsäcke; nicht zuletzt jene der Landesherren, der Freisinger Fürstbischöfe.

Heute zählt die Region Garmisch-Mittenwald zu den bedeutendsten Urlaubszentren Deutschlands, ja Europas; sie ist touristisch perfekt ausgestattet und durchorganisiert. Der Gast findet hier jeden Komfort, unzählige Angebote, wenn er sich sportlich betätigen möchte, und hat außerdem die Gelegenheit, auf bequeme Art die Dramatik des Hochgebirges hautnah zu erleben.

Wer dagegen Oasen der Stille oder das einsame Bergabenteuer sucht, der wird gleichfalls zufriedengestellt, denn im Wetterstein- und Karwendelgebirge bietet sich eine fast 1000 Quadratkilometer große unzerstörte und wenig zersiedelte Urgebirgswelt.

Isar- und Loisachland

Die Gegend um Isar und Loisach, Kochelsee und Walchensee läßt sich nur schwer unter einem gemeinsamen Begriff zusammenfassen. Der geläufige Name Isarwinkel trifft nur einen Teil. Neuerdings nennt man das Gebiet, deckungsgleich mit dem Landkreis Bad Tölz-Wolfratshausen, Tölzer Land.

Mag die Zuordnung variabel sein, unbestritten ist die eigenständige Prägung des Landstrichs am Nordabfall der Alpen, der im Südwesten dem Karwendel- und Estergebirge und im Osten dem Tegernseer Land benachbart ist.

Benediktbeuern, um 750 von den drei Brüdern Landfrit, Waldram und Elilant aus dem alten Adelsgeschlecht der Huosi gegründet, ist das geistige Zentrum dieses Gebiets. Der wirtschaftliche Mittelpunkt ist die alte Flößersiedlung Tölz, dessen Marktstraße als »schönster Festsaal Altbayerns« gilt und dessen alljährliche Leonhardifahrt die heimische Trachten- und Brauchtumstradition in aller Pracht aufleben läßt.

Beliebte und häufig begangene Ziele der Bergwanderer sind die Vorgebirgsgipfel von Brauneck und Benediktenwand, Jochberg, Herzogstand und Heimgarten.

An Sehenswürdigkeiten und Superlativen hat man manches vorzuweisen: Deutschlands älteste Bergstraße, die 1492 zwischen Kochel- und Walchensee angelegte Kesselbergstraße, mit dem Walchenseekraftwerk eines der ersten Wasserkraftwerke Europas, mit der Glentleiten über Großweil das größte und schönste Freilichtmuseum im Alpenraum, und mit dem legendären »Schmied von Kochel« den berühmtesten Volkshelden Oberbayerns. Auch Bezüge zur Kunst scheinen auf. Goethe lernte 1786 am Walchensee die Mignon zu seinem »Wilhelm Meister« kennen, Lovis Corinth hielt die Stimmungen des Walchensees in Dutzenden von Gemälden fest, und das Franz-Marc-Museum in Kochel erinnert an das Leben und Wirken des Malers im nahen Ried.

Tegernseer und Schlierseer Berge

Gäbe es eine Hierarchie, eine Rangordnung der Fremdenverkehrszentren, hätte der Tegernsee die Nase vorn. Um dies herauszufinden, braucht man nur die Schaufenster der Geschäfte und die Immobilienteile der Zeitungen zu studieren. Diese Vorrangstellung hat Tradition.

Im 8. Jahrhundert gründeten Benediktiner mitten im voralpinen Urwald das Kloster Tegernsee, bekehrten die Urbewohner zum Christentum, lehrten sie die Kunst des Goldschmiedens und der Glasmalerei. Um 1030 entstand hier mit dem »Ruodlieb« der erste deutsche Roman. Als im 19. Jahrhundert der leutselige König Max I. Joseph das vom Verfall bedrohte Kloster zur Schloßresidenz umbauen ließ und mit Vorliebe dort zur »Sommerfrische« weilte, war dies das Startsignal für den Fremdenverkehr im bayerischen Alpenraum.

Das Urlaubsland um Tegernsee und Schliersee hat viele Gesichter. Rottach-Egern und Bad Wiessee zeigen mit ihren komfortablen Kur- und Freizeitanlagen, exquisiten

Geschäften, eleganten Hotels und lukullischen Restaurants nur eine Seite. Die andere überrascht mit ursprünglicher Natur und volkstümlicher Szenerie. Das zeigt schon der Vergleich von Tegernsee und Schliersee. Ist jener mondän, lebhaft und laut, gibt sich dieser ländlicher, schlichter, bescheidener und erlaubt sich sogar den Luxus eines weithin unbebauten Seeufers. Mit den beiden Seen ist die Ferienvielfalt des Gebietes noch lange nicht erschöpft; für manche beginnt sie überhaupt erst in der Bergwelt dahinter: Auf den Wanderwegen und Berghütten um Wallberg und Setzberg, Blankenstein und Risserkogel, Hirschberg und Roßstein, Schildenstein und Halserspitz. Eng benachbart ist der 1100 Meter hoch gelegene Spitzingsee, um den sich ein eigenes kleines Bergreich gruppiert. Ein paar Kilometer weiter liegt im oberen Leitzachtal Bayrischzell mit dem Wendelstein, dem »bayerischen Zuckerhut«.

Inntal und Salzachgau

Der Inn ist ein kraftvoller, wilder Geselle. Wie kein anderer Fluß hat er die topographische Gestalt Oberbayerns geprägt. Im Engadin und in Tirol von 1000 Gletscherbächen gespeist, haben seine Wassermassen zwischen den Bergen ein breites Tal ausgegraben, das um 100 Meter tiefer liegt als die Stadt München. Früher wurde der Fluß gefürchtet und gemieden. Hart am Ufer wollte keiner ein Haus bauen, wurde keine Stadt angelegt. Die einzige Ausnahme ist Wasserburg, das sich schutzsuchend in den Sporn der einzigartigen Innschleife schmiegt.

In dem oberbayerischen Landschaftsmosaik sind Inntal und Salzachgau eigenwillige Elemente. Sie gehören nicht zum Chiemgau oder Schlierseer Land, nicht zum Mangfallgau oder Rupertiwinkel. Sie sind keine in ein touristisches Paket geschnürte Urlaubsregion, sondern eine Reiselandschaft, in

Kernige bayerische »Mannsbilder« erholen sich nach dem Aufstieg im Berghaus auf dem Wendelstein.

19

der man nach Sehenswürdigkeiten fahndet, von denen es dann bei näherem Hinsehen auch viele gibt.

Am Oberlauf liegen die Ziele auf den höhergelegenen Terrassen, auf dem Kranzhorn und dem Samerberg, dem Flintsbacher Madron und dem Brannenburger Sulzberg. Später, nach Rosenheim, wo sich der Inn gemütlich durch das sanft geschwungene Bauernland schlängelt, bestimmen die Klöster von Attel, Rott, Altenhohenau, Gars und Au den Talcharakter. Am Unterlauf, vor dem Zufluß der Salzach, setzen Städte die Superlative: Mühldorf mit dem monumentalsten Stadtplatz des Innviertels, Altötting, die uralte Wallfahrt und Herzkammer des katholisch-bayerischen Landes, Burghausen schließlich, an der Salzach gelegen, mit Deutschlands umfangreichster Burganlage. Alle Städte des Inn-Salzach-Gaus vereint ein gemeinsames architektonisches Merkmal: Die Gestaltung der Hausfronten mit den bis in Firsthöhe hochgezogenen, waagrecht abschließenden Blendfassaden. Sie erzählt davon, wie eng verbunden durch die Flüsse man schon früher Italien war.

Der Chiemgau

Wie überall vor den Alpen wird auch hier die Landschaft von Seen, Mooren und Bergen bestimmt. Dennoch ist der Chiemgau anders. Er hat nicht die alpine Dramatik des Berchtesgadener Landes, nicht die fotogene Ansichtskartenpose des Tegernsees. Seine Dimension ist die Weite; die Farben sind pastell; das Bild der Landschaft ist nicht konstant, sondern wird fortwährend neu geschaffen aus den Launen der Natur, gestaltet durch Wind und Wolken, Sonnenlicht und Gewitterdämmerung, Moorbraun und Nebelblässe. Um all das wirkungsvoll zu präsentieren, bedarf es großer Räume und weiter Bühnen. Nichts im Chiemgau ist kleinräumig und engwinkelig. Selbst die

Berge dürfen nicht dominieren, müssen sich dehnen und ducken, damit sie in die Gesamtkomposition passen. Als König Ludwig II. einen Schloßbau nach dem Vorbild von Versailles plante, suchte er dafür einen der Ile-de-France adäquaten Raum. Kein anderer Platz in Bayern schien ihm dafür geeigneter als die größere der beiden Chiemseeinseln, umgeben von einer Landschaft, die umrahmt, aber nicht bedrängt.

Der Chiemsee ist das Herzstück der Region. Nach Süden hin formiert sich hinter den Randbergen eine weitläufige Alpenregion mit ausgeprägten Tälern wie die von Weißer und Roter Traun, Tiroler Ache und Prien. Die Berge sind sanft und von Wäldern bedeckt, die zahlreiche Almwiesen aussparen. In den weiten Tälern haben sich beliebte Ferienorte wie Ruhpolding, Inzell, Bergen, Reit im Winkl, Aschau, Schleching, Ober- und Unterwössen, Grassau und Marquartstein entwickelt.

Berchtesgadener Land und Rupertiwinkel

»Ein schrecklicher Urwald, starrend vor ewigem Frost und Schnee, eine Einöde, in der vor kurzem noch wilde Tiere und Drachen gehaust haben!« Das war der Klageruf eines Mönchs, den um 1100 das Chorherrenstift Rottenbuch in das Land vor dem Watzmann geschickt hatte, damit er dort ein Kloster errichte. Beim nächsten Anlauf, 20 Jahre später, erfolgte die Gründung des Augustinerchorherrenstiftes Berchtesgaden. Das Kloster, ausgestattet mit Schürfrechten für Salz und Erz, blühte rasch auf und hatte als »Gefürstete Propstei Berchtesgaden« sogar Sitz und Stimme im Reichstag. Man lag zwar in fortwährender Fehde mit dem benachbarten Fürsterzbischof von Salzburg, kam aber, dank Anlehnung an das Herzogtum Wittelsbach, unbeschadet durch die Jahrhunderte.

Das Berchtesgadener Land ist ein Juwel unter den deutschen, selbst unter den alpinen Landschaften. In seiner Gestalt unterscheidet es sich deutlich von den benachbarten Nördlichen Kalkalpen. Die ansonsten vorherrschenden langgezogenen Bergketten und ebensolchen Paralleltäler sind aufgelöst und verwandelt in ein Labyrinth aus freistehenden Felsmassiven, mächtigen Wandbildungen, zerklüfteten Karrenfeldern, tiefen Bachschluchten, lieblichen Almweiden und malerischen Talwinkeln. Berchtesgaden, der touristische Mittelpunkt, liegt nicht auf dem Grund eines Talbodens, sondern ist verstreut über Hügel und Hänge, locker verzahnt mit benachbarten Siedlungen wie Ramsau, Schönau, Maria Gern, Bischofswiesen und Marktschellenberg. Zwei kleine Straßenpässe, Schwarzbachwacht und Hallthurm, verbinden den Berchtesgadener Alpenwinkel mit dem Saalachtal, wo das Siedlungsgebiet des Staatsbades Reichenhall einen von Bergen umschlossenen Talkessel füllt. Nördlich davon enden die Berge. Zu ihren Füßen liegt, einem alpinen Vorhof gleich, der Rupertiwinkel. Eine reizvolle Landschaft aus langgezogenen Hügeln und sanften Talmulden, mit stillen Mooren, kleinen Seen und den großen Wasserflächen des Waginger und Tachinger Sees, bestückt mit idyllischen Dörfern, deren Kirchtürme fast alle dem von St. Peter im nahen Salzburg gleichen.

Rückblick auf drei Jahrtausende

Oberbayerns Geschichte ist ebenso vielfältig und bewegt wie seine Landschaft. Man kann sie nicht isoliert betrachten, denn sie ist verzahnt und verwoben mit der Geschichte größerer, europäischer Räume Deckungsgleich ist sie annähernd mit der Geschichte Altbayerns, dem geographischen Fünfeck zwischen Franken, Böhmen, Schwaben und Österrcich.

Bürgerlich-münchnerische Gemütlichkeit verheißen die Portalfiguren über der Eingangstür zum Ratskeller im Prunkhof des Neuen Rathauses.

Links: Groß und münstergleich präsentiert sich der massive Quaderbau der Pfarrkirche St. Michael in Altenstadt, die als eine der bedeutendsten romanischen Bauten Altbayerns gilt.

Liebe zum Detail und Sinn für das Dekorative, Verspielte zeichnet viele alte oberbayerische Gehöfte aus: Oben die Schmuckwand an einem Törwanger Bauernhaus, unten der Bundwerkstadel aus Starkern bei Tyrlaching, einer der schönsten Stadel Oberbayerns, der heute im Freilichtmuseum Glentleiten bei Großweil zu sehen ist.

Herkunft und Eigenart der Bayern

Die Baiern als Volksstamm tauchen erstmals unter diesem Namen um 550 während der Völkerwanderungszeit auf. Ob die Bajuwaren aus Behaim (Böhmen) zugewandert sind oder sich aus einer Mischung von Kelten, Romanen und Germanen gebildet haben, weiß man nicht genau. Fest stehen nur der Name (den man übrigens erst seit 200 Jahren mit y schreibt) und die Wesensart: Ein Stamm, konservativ im beharrenden, bewahrenden Sinn, der sich stets gegen Veränderungen und Bevormundung von außen gewehrt hat, was ihn in den Augen seiner Nachbarn oft als widerspenstig erscheinen ließ.

Dieser Wesenszug zieht sich wie ein roter Faden durch 1200 Jahre bayerischer Politik: Vom Agilolfingerherzog Tassilo III., der 763 in den aquitanischen Kriegen seines Kaisers wenig Sinn sah und deshalb mitsamt dem bayerischen Heer schnurstracks heimwärts zog, bis zu den Attacken des inzwischen

verstorbenen Ministerpräsidenten Franz Josef Strauß gegen zuviel Zentralgewalt und Vorschriften in Bonn.

Weltpolitik oder Eroberungspolitik wurde in Altbayern kaum gemacht, und wenn, wie unter Kaiser Ludwig dem Bayern, verlor man schnell wieder alles. Meist war das Land Spielball fremder Interessen. Mitunter brachte das sogar Vorteile. Etwa im frühen Mittelalter, als das Land im Schutz und Schatten des Frankenreiches, später des Heiligen Römischen Reiches, recht gut gedieh. Als Kurfürst Max Emanuel im Barock diese Situation zu eigener Großmachtpolitik nützen wollte, scheiterte er aber schmählich. Der Kaiserruhm seines Sohnes, Karls VII., stand auf tönernen Füßen. Andererseits rettete nach dem Erbfolgekrieg von 1778/79, als Habsburg das Innviertel vereinnahmt hatte und die Hand auch noch nach Ober- und Niederbayern ausstreckte, der Einspruch Friedrichs des Großen Bayern (wenn auch aus eigennützigen Motiven). Schließlich kam Bayern dank seiner traditionell frankophilen Einstellung auch halbwegs glimpflich durch die Kriegswirren der napoleonischen Zeit.

Von den Anfängen zum Römerreich

Besiedelt war das Land vor den Bergen schon in der Jungstein- und Bronzezeit (4500–1200 v. Chr.). Die ältesten Zeugnisse stammen aus der folgenden Eisen- oder Hallstattzeit (1200–450 v. Chr.), es handelt sich dabei um Spuren von Pfahldörfern an oberbayerischen Seen. Die Illyrer, Urbewohner des Raumes, wurden bis ins 5. Jahrhundert v. Chr. von den aus Westen anrückenden Kelten verdrängt. Diese kannten bereits Ackerbau und Viehzucht und legten befestigte Siedlungen an. Im Jahr 15 v. Chr. eroberten die römischen Heere das Land zwischen Alpen und Donau, das fortan für ein halbes Jahrtausend zum Römischen

Reich gehörte. Der Inn war die Grenze zwischen den Römerprovinzen Raetien im Westen und Noricum im Osten. Die Römer bauten Straßen und Brücken, führten Gesetze und Verwaltungsnormen ein. Es entstanden zahlreiche Städte wie Batavis (Passau), Castra Regina (Regensburg), Augusta Vindelicum (Augsburg), Parthanum (Partenkirchen) und andere, aber keine bedeutende lag in Oberbayern, das wohl noch zu wenig erschlossen war.

Frankenreich und frühes Mittelalter

Im 8. Jahrhundert kam das Gebiet unter Einfluß und Schutz des fränkischen Reichs der Karolinger. Die drei fränkischen Bischöfe Emmeram, Korbinian und Rupert hatten schon früher viel für die Verbreitung des Christentums im südlichen Bayern getan und gelten als treibende Kräfte zur Gründung der Klöster Tegernsee, Benediktbeuern, Polling und Wessobrunn.

Wenig später folgten die ersten Bistümer in Freising, Salzburg, Passau, Regensburg und Eichstätt. Danach entstanden weitere Klöster in rascher Folge: Frauen- und Herrenchiemsee, Weltenburg, Schlehdorf, Schliersee, Schäftlarn, Gars, Au und viele andere. Um 800 bestanden in Altbaiern bereits über 50 Klöster, die fast das gesamte urbar gemachte Land besaßen, betreuten und beherrschten. Mit ihren Schulen, Werk- und Lehrstätten legten sie den Grund zu Kultur und Zivilisation. Übrigens entstand auch die Stadt München auf klösterlichem Besitz: Das Münchner Kindl in ihrem Wappen stellt einen stilisierten Mönch dar.

Die Wittelsbacher

Dem Frankenreich der Karolinger, dessen deutsche Linie 911 ausgestorben war, folgten turbulente Jahrzehnte mit Kriegen und politischen Wechselfällen. In deren Verlauf

erreichte Baiern kurz vor der Jahrtausendwende sogar seine flächenmäßig größte Ausdehnung: Es erstreckte sich von Eger und Main bis zum Gardasee und zur Adria und vom Lech bis zum Plattensee und nach Agram (Zagreb). Im Jahr 1070 wurden die Welfen Herrscher über Baiern. Ihr berühmtester Sproß war Heinrich der Löwe, der 1158 München gegründet hat, doch bald danach, weil zu selbstherrlich, vom Kaiser entmachtet wurde.

Ein Markstein in Bayerns Geschichte ist das Jahr 1180. Kaiser Friedrich I. Barbarossa übertrug dem Wittelsbacher Otto I. das baierische Herzogtum. Fortan gestaltete und lenkte das Haus Wittelsbach bis 1918, somit fast 750 Jahre lang, die Geschicke Bayerns. Zunächst als Herzogtum, ab 1623 als Kurfürstentum, ab 1806 als Königreich. Mit kluger Politik konnten sie den bayerischen Kernstaat durch alle Kriege, Wirrnisse und politischen Verschiebungen erhalten und steuern. Immerhin fielen in ihre Regierungszeit so schwerwiegende Ereignisse wie

Oben: An die Bedeutung Mittenwalds als Poststation zwischen Augsburg und Italien erinnert diese Lüftlmalerei am Hotel Post in Mittenwald.
Unten: Ein Hobbykünstler fertigte bayerische Volkstrachten in Laubsägearbeit für die Wanddekoration im Berghaus auf dem Wendelstein.

Oben: Der Turm der Pfarrkirche
St. Michael beherrscht das Ortsbild
von Sachrang am Oberlauf der Prien.
Unten: Selbst die Tauben residieren
in einem prächtigen Domizil:
Taubenschlag vor dem Schieblhof im
Freilichtmuseum Glentleiten.

kirche und Schloß Nymphenburg erbauen. Max Emanuel, genannt der »Blaue Kurfürst« (1662–1726), ein Kriegsheld und Abenteurer, der Bayern mit seinen Feldzügen und politischen Kapriolen an den Rand des Ruins trieb. Für seine Großmachtpolitik hätte er auch Bayern aufgegeben. Max I. Joseph (1756–1825), aus Zweibrücken, stieg 1806 zum bayerischen König auf, festigte das zersplitterte Land, regierte mit Hilfe seines Ministers Graf von Montgelas umsichtig, souverän und politisch klug. Ludwig I., König von Bayern (1786–1868), schuf das klassizistische Stadtbild Münchens mit Ludwigstraße und Königsplatz, formte seine Residenz zur Stadt der Künste und Wissenschaften. Ludwig II., König von Bayern von 1864 bis 1886, vernachlässigte nach dem gegen die Preußen verlorenen Krieg 1870/71 sein Regentenamt, um sich ganz seinen eigenwilligen künstlerischen Träumen hinzugeben: Dem Bau der Königsschlösser Neuschwanstein, Herrenchiemsee und Linderhof.

Oberbayern im 20. Jahrhundert

Als geographisch-politischer Begriff, nämlich als bayerischer Regierungsbezirk, entstand Oberbayern erst 1838; seither haben sich seine Grenzen noch mehrmals verändert. Mit dem Ende des Ersten Weltkriegs und dem Erlöschen der Monarchie wird Bayern 1919 ein Freistaat, verliert aber 1933 alle Hoheitsrechte an das Dritte Reich.
1936 werden in Garmisch-Partenkirchen die IV. Olympischen Winterspiele ausgerichtet. Während des Zweiten Weltkriegs hat München schwer unter Bombenangriffen zu leiden: Man beklagt über 6600 Tote; 45 Prozent der Bausubstanz sind zerstört.
In der zweiten Hälfte unseres Jahrhunderts erfährt Oberbayern einen erstaunlichen Aufstieg. Das Land wird zur beliebtesten deutschen Ferienlandschaft, München zum

der Dreißigjährige Krieg, die Bauernaufstände, die Konfessionskämpfe und die Eroberungsfeldzüge Napoleons.
Es wäre ermüdend, die Geschichte der Wittelsbacher und damit Altbayerns hier auszubreiten, dafür seien einige der markantesten Persönlichkeiten aufgezählt: Ludwig der Bayer (1283–1347), Herzog von Bayern, deutscher König und Kaiser, formte Bayern zur Großmacht, führte das Stadt- und Landrecht ein. Herzog Albrecht IV., der Weise (1447–1508), eine gelehrte und staatsmännisch kluge Herrscherpersönlichkeit, schuf das Staatskirchentum und die Unteilbarkeit der baierischen Fürstentümer. Kurfürst Maximilian I. (1573–1651), bis 1623 Herzog, einer der bedeutendsten Regenten, souverän, nüchtern und reformfreudig; führte Baiern durch den Dreißigjährigen Krieg. Kurfürst Ferdinand Maria (1636–1679), ein kunstsinniger Herrscher mit französischer Lebensart, Freund und Förderer des Bauernstandes; verhalf dem Barockstil zum Durchbruch, ließ Theatiner-

gesellschaftlichen Mittelpunkt, zur Hauptstadt des deutschen Verlagswesens, zur weithin gefragten Messe-, Mode- und Einkaufsstadt. 1972 werden hier die XX. Olympischen Sommerspiele veranstaltet.

Zudem entwickelt sich der Raum München-Oberbayern, von der Öffentlichkeit eher unbemerkt, zum internationalen Wirtschafts- und Industriezentrum; zur modernen »High-Tech-Region«, die sich nicht mit Fabrikschloten, Hochöfen und Fördertürmen präsentiert, sondern als »sanfte« Industrie im Verborgenen arbeitet. Auf den Gebieten von Mikroelektronik, Raumfahrt, Kernfusion, Flugzeugbau, Astrophysik, Regel-, Meß- und Steuertechnik wurde sie mit Namen wie Max-Planck-Institut, Messerschmitt-Bölkow-Blohm, Siemens, BMW, MTU, Krauss-Maffei, VW-Audi und Wacker-Chemie in aller Welt zum Begriff für zukunftsorientierte Technologie.

Schatzkammer der Kunst

Das Spektrum der Kunst in Oberbayern und München ist so reich und vielgestaltig, daß aus Platzgründen auf eine detaillierte Darstellung der verschiedenen auftretenden Strömungen verzichtet wird. Über die große historische Zeitspanne von zwei Jahrtausenden gesehen, ist das Kunstschaffen Altbayerns in der jüngeren Vergangenheit eigenständiger hervorgetreten.

Stilbildend im kreativen Sinn hat das Land selten gewirkt, wie überhaupt die Wesensart des Volks mehr dem reproduzierenden als dem schöpferischen Element zugewandt ist. Immerhin sind einige stilistische Weiterentwicklungen als besondere Leistungen zu vermerken, etwa bei der Sublimierung des Barock zum Rokoko oder der Ausprägung des Jugendstils zu Beginn unseres Jahrhunderts.

Mit den Zentren früher europäischer Kunst wie der Romanik, Gotik und Renaissance in Frankreich, Flandern und Italien kann sich Altbayern nicht messen. Die Zeugnisse aus diesen Epochen sind begrenzt erhalten geblieben. Um so reicher und üppiger entfaltete sich ab der zweiten Hälfte des 17. Jahrhunderts der Barockstil, selbst im letzten Winkel des Landes. Oberbayern wurde zur Herzkammer des großen katholischen Barockreichs, das sich, über politische Grenzen hinweg, von Fulda und Aschaffenburg bis Prag und Wien, bis Ungarn und über die Alpen erstreckte.

Waren die künstlerischen Impulse zuerst von den Klöstern und der Kirche, auch von den Herzögen ausgegangen, so übernahm ab dem 17. Jahrhundert mehr und mehr München die Führungsrolle.

Die baierischen Kurfürsten und Könige holten Künstler aus ganz Europa an die Isar, deren Wirken einerseits das Bild der Stadt durch Bauwerke, Theater und Museen zur Kunstmetropole formte, andererseits auf das oberbayerische Umland ausstrahlte. Die ohnehin stets vorhandene enge Verbin-

Oben: Die Wallfahrtskirche Mariä Empfängnis und das Schloß aus dem 12. Jahrhundert sind die architektonischen Schmuckstücke von Neubeuern am Inn.
Unten: Der Große Ahornboden im Naturschutzgebiet Karwendelgebirge ist ein weiter Talschluß von einmaliger Schönheit.

dung zwischen München und seiner bäuerlichen Umgebung war der ideale Nährboden für eine Kunstentfaltung, die uns heute selbst in den entlegensten Dörfern mit Kostbarkeiten überrascht.

Seit dem 19. Jahrhundert kam hinzu, daß viele Maler, Bildhauer, Literaten, Musiker und Schauspieler die Stadt München oder das oberbayerische Voralpenland als Wohnsitz und künstlerische Heimat wählten, was die Bedeutung Oberbayerns mehrte und seine Verbindungen auf die internationale Kunstszene ausdehnte.

Brauchtum und Feste im Jahreslauf

Die Lust zur öffentlichen Darstellung, zum Komödienspielen, zum Festefeiern, Musizieren und Tanzen, die Freude an Schmuck und Dekor in Haus, Hof und Stall wie auch am eigenen Körper gehören zu den seit alters überkommenen Eigenschaften der Bayern. Sie wurzeln in vergangenen Zeiten, in denen bäuerliches Leben im Alpenraum gleichbedeutend war mit Abgeschiedenheit und Isolierung. Um sie zu überwinden, schuf man besondere Formen der Geselligkeit; viele Bräuche wurzeln noch in heidnischem Überlieferungsgut, viele haben ihren Anlaß in kirchlichen Festen.

Ursprung und Gegenwart

Erstaunlich ist die Entwicklung in neuerer Zeit. Während in den meisten Teilen Europas, bedingt durch Verwischung der ethnischen Unterschiede, viele der überkommenen Eigenarten, Bräuche und Trachten in Vergessenheit geraten, feiern sie im alpenländischen Raum, besonders auch in Oberbayern, fröhliche Urständ. Nicht immer ist die Besinnung auf Volksgut und Tradition alleiniger Antrieb; oft spielen andere Motive mit: Eine gewisse Eitelkeit, der Wunsch, anders zu sein und dies öffentlich darzustellen, die Erwartung kommerziellen Erfolgs oder Profilierungsgewinns; der Anschub durch die Organisatoren des Fremdenverkehrs. Die Grenzen zwischen verwurzeltem Brauchtum und touristischer Veranstaltung sind fließend und zuweilen schwer erkennbar, zumal oft solides Brauchtum allein durch das steigende Zuschauerinteresse und den damit verknüpften Organisationsaufwand ins Kommerzielle abdriftet. Es bedarf mitunter eines feinen Gespürs, die nebulösen Grenzen zu orten: Sie liegen auf dem sehr schmalen Grat zwischen Volksmusik und volkstümlicher Musik, zwischen Brauchtum und Folklore, zwischen Musikantentreffen und Musikantenstadl.

Wer sich in einsamen Dörfern und stillen Tälern umsieht, auf die Menschen zugeht und ihnen näherkommt, hat am ehesten die Chance, unverfälschtes Brauchtum mitzuerleben. Das kann eine Bauernhochzeit sein, eine Prozession oder ein Adventsingen, ein Leonhardizug oder eine Stubenmusi, sogar ein Ochsenrennen oder ein buntes Fasnachtspektakel.

Oberbayerischer Brauchtumskalender

Der bäuerlich-alpenländische Jahreslauf beginnt, genauso wie das Kirchenjahr, mit dem Advent. Da ziehen in Altbayern die Kinder zum Klöpfelngehen oder (im Südosten) Glöckisingen umher. Im Berchtesgadener Land wird der Nikolaus von den Buttenmanndln, alptraumhaften Tierdämonen, in Stroh gehüllt und kuhglockentragend, von Haus zu Haus begleitet. In München und anderen Orten beginnen die Christkindlmärkte, auf denen – wie in Andechs oder Dießen – »lebende Krippen« ausgestellt werden. Mehr und mehr wird das Adventsingen gepflegt.

Zum Jahresende finden sich in Berchtesgaden bis zu 700 Schützen zusammen, um

Das Brauchtum wird in Oberbayern noch anläßlich vieler Feste und Veranstaltungen gepflegt: Faschingstreiben am »Unsinnigen Donnerstag« in Mittenwald (obere Bilder, links und rechts), Leonhardifahrt in Bad Tölz (unten).

Der Traunsteiner Georgiritt (unten) ist ein fester Termin im alljährlichen oberbayerischen Brauchtumskalender. Am Vormittag des Ostermontags zieht die Prozession der Reiter und Wagen zur Kirche von Ettendorf.

mit viel Krach und Pulverdampf unter lautem Hallo das Christkindl wie auch das neue Jahr »anzuschießen«.

Winter und Fasnacht

Den Auftakt zum neuen Jahr bildet am 1. Januar auf der Turmgalerie des »Alten Peter« in München das festliche Neujahrsanblasen. Um den 6. Januar ziehen die maskierten Heiligen Drei Könige von Haus zu Haus, hinterlassen am Türstock mit Kreide angezeichnet ihr C + M + B (Christus mansionem benedicat = Gott segne dieses Haus) als Schutzzeichen vor bösen Geistern.

Im Januar veranstalten verschiedene oberbayerische Orte wie Rottach-Egern, Parsberg bei Miesbach, Gaißach bei Bad Tölz und Garmisch-Partenkirchen lustige Schlittenrennen. In München findet alle sieben Jahre zwischen Dreikönig und Faschingsdienstag der Schäfflertanz mit bis zu 500 Auftritten statt. Im Rupertiwinkel treffen sich Anfang Februar in verschiedenen Orten die »Goaßlschnalzer« (Peitschenknaller) zum Aperschnalzen.

Die Zeit der Fasnacht – im oberbayerischen Sprachgebrauch inzwischen geläufiger als Fasching – hält einen überreichen Veranstaltungskalender bereit. Abgesehen von ungezählten Bällen und Faschingstreiben sind bemerkenswert: Die Aufzüge der Schellenrührer und Jacklschutzer am »Unsinnigen Donnerstag« in Mittenwald, Partenkirchen und Garmisch; der Skifasching am Faschingssonntag auf der Firstalm über dem Spitzingsee; am Faschingsdienstag auf dem Viktualienmarkt in München der Marktfrauenfasching der »Standlfrauen«.

Ostern, Frühling und Mai

Im März treffen sich in Miesbach mehrere Trachtengruppen zum Frühjahrssingen. In München und in zahlreichen anderen Orten beginnt Mitte März die Starkbierzeit. Wasserburg am Inn veranstaltet in der vorösterlichen Zeit die Wasserburger Volksmusiktage mit abendlichen Darbietungen.

Am Palmsonntag, dem Beginn der Osterwoche, ziehen im Berchtesgadener Land die Buben mit den geschmückten Palmbäumen in die Kirchen. Ostern wird als bedeutendstes Kirchenfest überall in Oberbayern mit festlichem Gepränge gefeiert. Herausragendes Brauchtumsfest ist am Ostermontag der Georgiritt mit Schwertertanz in Traunstein. Am Sonntag nach dem 23. April findet ein Georgiritt auf den Auerberg bei Lechbruck, am gleichen Tag der Willibaldsritt in Jesenwang bei Fürstenfeldbruck statt. In Altötting vereinen sich am 21. April die Gläubigen zur Reliquienprozession zu Ehren des Ortsheiligen Bruder Konrad.

Am 1. Mai herrscht landesweit Feststimmung. Sie beginnt mit der Freinacht am Vorabend, tags darauf mit dem Aufstellen der Maibäume und abendlichen Maitanzveranstaltungen, während in München und anderswo der Maibock ausgeschenkt wird. Besinnlicher feiert man den 1. Mai in Altötting mit dem Wallfahrtstag und in Tittmoning mit einem Georgiritt. Den ganzen Mai hindurch wird in vielen Kirchen die abendliche Maiandacht abgehalten. Ein herausragendes Ereignis ist am dritten Sonntag im Mai die Trachtenwallfahrt von Siegsdorf nach Maria Eck. In Oberammergau finden alle zehn Jahre zwischen Mitte Mai und Ende September die weltberühmten Passionsspiele statt. Im Mai beginnt in München die Auer Maidult, die sich später als Jakobidult (Juli/August) und als Kirchweihdult (Oktober) wiederholt.

Zum Pfingstfest brechen zahlreiche Pilgergruppen zur Fußwallfahrt nach Altötting auf. Am Pfingstmontag feiert man in Berchtesgaden den Jahrestag der Bergknappen, während in Holzhausen bei Teisendorf ein Leonhardiritt stattfindet. Das Kirchenfest

Fronleichnam wird in vielen Orten (zum Beispiel Lenggries, Seehausen, Schliersee, Benediktbeuern) mit festlichen Fronleichnamsprozessionen begangen, in Laufen gibt es zusätzlich das Himmelbrotschutzen.

Sommer und Erntedank

Um den 13. Juni kann man in Berg am Starnberger See die König-Ludwig-Feier besuchen. In Kaltenbrunn bei Geltendorf finden an zehn Tagen im Juni mittelalterliche Ritterturniere statt. Um den 24. Juni flackern und leuchten von vielen Bergen die Sonnwendfeuer weithin über das Land.

Danach gibt es landauf, landab Sommerfeste, Seefeste, Fischerstechen und Schifferstechen, deren Aufzählung im einzelnen hier zu umfangreich wäre.

Herausragende Feste der Sommerzeit sind: Die Tutzinger Fischerhochzeit in Biedermeier-Kostümen am ersten Juli-Wochenende; der Ulrichsritt in Steingaden am Sonntag nach dem 4. Juli; die Ritterspiele in Kiefersfelden von Mitte Juli bis Ende August; das Ruethenfest in Landsberg alle vier Jahre am letzten Juli-Wochenende; die Grünsinker Marienwallfahrt bei Weßling am letzten Julisonntag; die Piratenschlacht auf der Salzach in Laufen alle vier Jahre am letzten

Der Tegernsee hat viele Gesichter: Ein mondänes um Rottach-Egern und ein ländliches, wie hier nahe einem Moränenhügel bei Kaltenbrunn am Nordufer, das an eine ländliche Idylle glauben läßt.

Der kleine Seehamer See liegt zwischen Weyarn und Miesbach im Mangfalltal. Wer die Autobahn von München in Richtung Salzburg fährt, kann ihn zwischen den Bäumen durchschimmern sehen.

Julisonntag; Lichterprozession in Bernried am 15. August; am gleichen Tag in Vilgertshofen die »Stumme Prozession«; Trachtenwallfahrt und Almkirta um den 20. August in Brannenburg-Schwarzlack; König-Ludwig-Feiern um den 24. August in Berg am Starnberger See, Prien und Oberammergau; das Herbstfest Ende August in Rosenheim; die St.-Bartholomä-Wallfahrt am Wochenende nach dem 25. August über das Steinerne Meer zum Königssee.

Am ersten Septembersonntag lädt Rottach-Egern zum Roßtag mit Kutschen-Korso ein; am gleichen Tag veranstaltet Ruhpolding den Irgn-Ritt mit Reiter- und Festwagenzü-

gen. Altkeferloh bei München ruft am ersten Montag im September zum tausendjährigen Keferloher Pferdemarkt.

Mitte September beginnt überall in den Bergen der Almabtrieb (Viehscheid). Ende September bis zum ersten Oktober-Sonntag lädt München zum Oktoberfest ein; einer seiner Höhepunkte ist am ersten Festsonntag der Trachten- und Schützenzug. Anfang Oktober veranstaltet Rottach-Egern eine feierliche Erntedank-Prozession. Im Oktober und November wird in zahlreichen Orten des Oberlandes der heilige Leonhard als Bauernpatron und Beschützer von Haus und Stall gefeiert. Man veranstaltet mehr

oder weniger aufwendige Festzüge, Leonhardiritt genannt, deren glanzvollster sich
am 6. November in Bad Tölz abspielt.

Weitere Leonhardiritte finden zeitlich etwas versetzt in Reichersdorf-Irschenberg,
Wildsteig bei Rottenbuch, Fürstenfeldbruck, Hundham bei Miesbach, Schliersee,
Kirchweidach bei Trostberg, Dietramszell,
Teisendorf, Forst bei Dießen, Kreuth, Kaufering und Murnau statt.

Ende November geht das bäuerliche Fest-
jahr seinem Ende zu. Schließlich, am 25. November, stellt »Kathrein den Tanz ein«.

Wallfahrten

Seit den Anfängen der Menschheit ist die
Wallfahrt ein in allen Regionen gepflegter
Brauch. Fußmärsche, Reisen oder feierliche
Züge zu heiligen Stätten waren bei Ägyp-
tern und Persern, bei Griechen und Römern
üblich. Die Juden zogen im alten Israel
nach Jerusalem, die Mohammedaner wallfahrten seit Menschengedenken nach Mek-

ka. Das Christentum übernahm diese Traditionen; ursprünglichstes Ziel der Christen
war das »Gelobte Land« Palästina, wo Jesus
gelebt und gewirkt hatte.

Das Typische der Wallfahrtskirchen

Grundsätzlich hat eine Wallfahrt nichts mit
der baulichen Größe und künstlerischen
Bedeutung der Kirche zu tun. Untrügliche
Unterscheidungsmerkmale sind, neben dem
Gnadenbild oder einer heiligen Quelle,
meist einem Umgang und zuweilen auf-
gestellten überdimensionalen Opferkerzen,
kleine Votivtafeln oder Hinterglasbilder, die
ihren festen Platz in allen Wallfahrtskirchen haben. Sie wurden dem Heiligen ent-
weder zum Dank für erwiesene Hilfe ge-
spendet oder sollten ihn zur Leistung der
erbetenen Hilfe verpflichten. Der oft auf
den Votivtafeln erscheinende lateinische
Schriftzug »Ex Voto« ist ähnlich zu deuten.
Übersetzt heißt er »auf Grund eines Gelöb-
nisses«; der Bittsteller war quasi dem Heiligen verpflichtet – an diesen ging nun das
Ansinnen, sich um das Wohl seines Schütz-
lings zu kümmern.

Die Blüte der volkstümlichen Votivkunst
erreichte im 17. und 18. Jahrhundert ihren
Höhepunkt. Die beiden größten oberbayerischen Wallfahrtsorte, Altötting und Andechs, verzeichneten damals einen jährli-
chen Zugang von rund 1000 Votivtafeln,
die in den Kirchen aufgehängt wurden.

Wallfahrten in unserer Zeit

Den Begriff Wallfahrt hat man in neuerer
Zeit variiert und abgewandelt. Nicht immer
muß eine Wallfahrtskirche das Ziel sein; zuweilen pilgert man auch zu anderen sehenswerten Kirchen und Klöstern.

Auch Anlaß und Ausführung haben sich
geändert; sie reichen vom ursprünglichen
Bittgang mit frommer Andacht bis zum ge-

selligen Betriebsausflug und zur leiblichen Stärkung im klösterlichen Biergarten. Zu den überregional bis international bedeutenden Wallfahrtskirchen in Oberbayern zählen: Die Heilige Kapelle in Altötting, Andechs bei Herrsching mit der Kloster- und Wallfahrtskirche Mariä Verkündigung; die Wallfahrtskirche zum gegeißelten Heiland in Wies bei Steingaden; die Kloster- und Wallfahrtskirche St. Marien in Ettal; die Wallfahrtskirche Maria Birnbaum in Sielenbach bei Aichach sowie die Wallfahrtskirche zur Schmerzhaften Maria in Vilgertshofen im Lechtal.

Oberbayern – auf Salz gebaut

Verfolgt man die Wege der Geschichte zurück, versucht man Herkunft und Bedeutung von Siedlungen, Kunststätten, Traditionen, Grenzen und Verkehrswegen zu ergründen, stößt man in Oberbayern oft, im Südosten des Landes immer auf Salz.

Salz ist seit der Antike bis heute ein unentbehrlicher Begleiter menschlichen Lebens. In der Gegenwart vor allem bekannt als Lebensmittel und Gewürz, in der Vergangenheit – als Vorläufer der Kühltechnik – noch bedeutender zum Haltbarmachen von Fleisch und Fisch, zum Konservieren von Häuten und Fellen. In den Binnenländern Europas, die dieses Mineral über weite Strecken beziehen mußten, war einst Salz wertvoll wie Gold.

Ob Salzburgs Kirchen, die Schlösser der Habsburger in Österreich oder der Wittelsbacher in Bayern, ob die alten Stadtbilder von Laufen und Hallein oder die noblen von Bad Reichenhall und Bad Ischl – irgendeine Wurzel weist stets zum Salz. Selbst in Brauchtum und Volksglauben erscheint es: Bei aufziehendem Gewitter ins Feuer gestreut, soll es Gefahr abwenden; bei Tisch unachtsam verschüttet, soll es Unglück oder Ärger ankündigen.

Im Ostalpenraum finden sich Salzvorkommen im Umland von Watzmann und Dachstein. Nomen est omen: Salzburg, Salzach, Salzkammergut, Obersalzberg; auch viele Wortbildungen mit »Hall« deuten auf Salz: Hallstatt, Hallein, Hallthurm, Reichenhall. Um 700 schenkte der bayerische Agilolfingerherzog Theodo dem Glaubensboten Rupertus das Land um Salzburg und Reichenhall. Rupertus, von dem sich der Name Rupertiwinkel ableitet, gilt seither als Schutzpatron des Salzes; in vielen Kirchen landauf, landab ist er mit dem Salzkübel dargestellt. Der Besitz von Salz bedeutete Reichtum, Unabhängigkeit und politische Macht. Wo es sich zeigte, waren Neid und Streit nicht weit. Die Rivalitäten wegen des Besitzes der Salzvorkommen zwischen den bayerischen Wittelsbachern, dem Fürsterzbistum Salzburg, dem Habsburger Hof und der Fürstpropstei Berchtesgaden schwelten durch viele Jahrhunderte. Seit 1509 lag das Salzmonopol in staatlichen Händen, aber Laufen und Tittmoning waren befestigte Orte des Salzburger Bischofs. 1816 teilte der Wiener Kongreß das nunmehr weltliche Salzburger Gebiet: Das Land links der Salzach kam zu Bayern, das übrige zu Österreich. So blieb es bis heute.

Nicht nur der Besitz von Salz, auch der Transport, Warenumschlag und Handel waren Quellen von Reichtum und Wohlstand. Salzwege durchzogen das Land, an deren Stationen und Flußübergängen kräftig Zoll abkassiert wurde. Die Laufener Schiffsherren besaßen das Schiffahrtsmonopol von Hallein bis Passau, von wo aus das weiße Gold über die Donau bis in den Orient verfrachtet wurde.

Hopfen und Malz

Überall in deutschen Landen gehört Bier zur Geselligkeit, in Altbayern gilt es darüber hinaus als Volksgetränk. Das typische

Oben: Der Wendelstein wird wegen seiner markanten Gestalt auch der »oberbayerische Zuckerhut« genannt. Schon von weitem sticht er dem Spaziergänger (hier bei Osterhofen) ins Auge.
Unten: Im Priental bei Sachrang begrüßen Schlüsselblumen, die Vorboten des Frühlings, den Wanderer.

Das Anianus-Marianus-Kirchlein auf dem Irschenberg ist eine typische Wallfahrt im Voralpenland.

Sage erzählt, daß der ägyptische Gott Osiris überall dort, wo der Boden den Weinbau nicht zuließ, die Menschen lehrte, aus Gerste einen aromatischen Trunk zu brauen. Weil Osiris wohl zu unbayerisch klang, machte man hierzulande einen »Gambrinus« daraus, den Biergott und Schutzpatron der Brauer, dessen Herkunft und Identität ansonsten im tiefsten Dunkel liegen.

In Bayern und im alpenländischen Raum haben sich im frühen Mittelalter die Klöster der Biererzeugung angenommen. In den Annalen taucht um 820 Sankt Gallen als erste Klosterbrauerei auf; im Jahr 1046 ist Weihenstephan als Brauerei der Freisinger Bischöfe beurkundet.

Bald entstanden neben den klösterlichen auch viele gräfliche, städtische und private Brauereien, die bis ins 17. Jahrhundert den Klosterbrauereien harte Konkurrenzkämpfe lieferten. Die Säkularisation zu Beginn des 19. Jahrhunderts brachte fast alle geistliche Braukultur zum Erliegen. Ein paar Klosterbrauereien oder deren Abkömmlinge haben aber überlebt: Andechs, Reutberg, Tegernsee, Schlehdorf, Schäftlarn, Bergen bei Neuburg, Berchtesgaden und andere.

Ein Markstein in der Geschichte des bayerischen Bieres ist das Reinheitsgebot, das Herzog Wilhelm IV. im Jahr 1516 erließ und das in Bayern bis heute noch gültig ist. Es besagt, daß zur Bierherstellung keine anderen Stoffe als Gerstenmalz, Hopfen, Hefe und Wasser verwendet werden dürfen.

Die Holledau, ein Gebiet im Dreieck zwischen Ingolstadt, Landshut und Freising, etwa zu gleichen Teilen zu Ober- und Niederbayern gehörend, gilt als das größte geschlossene Hopfenanbaugebiet der Welt. Sie ist eine Landschaft ohne Sensation, nur ein Auf und Ab sanfter Hügelketten. Dennoch faszinieren im Sommer die bis zu zehn Meter hohen grünen Mauern der Hopfengärten, in deren Labyrinth Dörfer und Weiler verschwinden, während im

bayerische Bier ist mild gehopft, hat zarten Malzgeschmack und weist einen Stammwürzegehalt zwischen 11 und 14 Prozent sowie einen Alkoholgehalt von 3 bis 4 Prozent auf. Hochprozentiger eingebraut sind Spezialbiere wie Frühjahrsstarkbiere (deren Namen alle auf -ator enden), Wies'n-Märzen oder Maibock. Beliebt, besonders zum Frühschoppen, ist auch das obergärige Weizenbier. Der allgemeine Verbrauchertrend geht vom malzig-süßlich und milden Geschmack zum hopfig-bitteren der Pilssorten; auch das früher vorherrschende dunkle Bier gewinnt wieder an Beliebtheit.

Ein Kapitel Biergeschichte

Legende und Vorurteil bezeugen, daß den Bayern »eine Bierseele eigen ist« – was immer man sich darunter vorstellen mag. Dabei wurde das Bier nicht einmal in Bayern erfunden. Assyrer und Babylonier tranken schon vor 4000 Jahren Bier, man fand ihre Bierhumpen sogar als Grabbeigaben. Eine

Winter die leeren Stangen wie bizarre ländliche Graphiken das Land prägen. In der Holledau ist der Hopfenanbau seit dem 8. Jahrhundert nachgewiesen. Bis in die sechziger Jahre unseres Jahrhunderts wurde die Hopfenernte von Hand ausgeführt: Bis zu 300000 Tagelöhner pilgerten als Hopfenzupfer zur Erntezeit in die Holledau, wo sie die Pflanzen von den Drahtgerüsten rissen und, auf Schemeln sitzend, die goldfarbenen Dolden in Körbe pflückten.

Heute ist das Vergangenheit: Die Pflanzen werden auf Fahrzeuge gebündelt und auf dem Bauernhof in Pflückmaschinen eingegeben. Mitunter wird bereits die ganze Arbeit an Ort und Stelle von vollautomatischen Erntemaschinen geleistet. Die geernteten Dolden kommen nur noch ganz selten direkt in den Braukessel. Zumeist werden sie in Großbetrieben weiterverarbeitet, wo die angelieferten, vorgepreßten Hopfenballen getrocknet, pulverisiert und zusammengepreßt werden. Danach erfolgt Verpackung und Versand in alle Welt. Statt der einst 300000 Hopfenpflücker, die früher zur Ernte notwendig waren, wird alle anfallende Arbeit heute von etwa 300 Personen und einigen Maschinen erledigt.

Der Föhn

Dem einen ist er lästig und verhaßt, dem anderen willkommen und angenehm. Auf irgendeine Art auseinanderzusetzen hat sich in Oberbayern jeder mit ihm, beschreiben und präzise definieren kann ihn kaum einer: Den Föhn, von lateinisch »favonius«, was soviel wie milder Wind bedeutet. Er mogelt sich in jede Großwetterlage, kommt von Süden über die Berge, bläst den wolkigen Himmel blau und blauer, duldet allenfalls ein paar fisch- oder linsenförmige Federwölkchen. Er läßt die Temperaturen steigen und rückt die Alpenkette in greifbare Nähe vor Münchens Haustür. Bald lind

und lau heranschleichend, bald forsch und stürmisch auftretend, kommt und geht er nach eigener Laune.

In der Sprache der Meteorologen gibt es den Föhn nicht, sie umschreibt ihn als milde Südwestströmung oder trockenen südlichen Fallwind. Manche Menschen nehmen ihn überhaupt nicht wahr, andere begrüßen ihn gar als Schönwetterlage, doch als dominierende Volksmeinung gilt: Der Föhn macht krank. Die Symptome sind landesweit bekannt: Kopfschmerzen, Müdigkeit, Nervosität, Appetitlosigkeit, Kreislaufstörungen, Schlaflosigkeit beim einen und Schlafsucht beim anderen. Zugereiste sollen einer ebenso hartnäckigen wie unbewiesenen Meinung zufolge eine Schonfrist von zwei, drei oder mehr Jahren genießen, ehe ihnen der Föhn etwas anhaben kann. Den Ärzten sind die Symptome bekannt; sie haben dafür den Sammelbegriff Wetterfühligkeit, eine von vielen Reaktionen des vegetativen Nervensystems, die sich allerdings bei jedem Organismus anders auswirken kann,

An der Grenze zwischen Oberbayern und der Oberpfalz ragt seit dem 11. Jahrhundert die Burg der Herren von Prunn auf einem Kalksteinfelsen über dem Altmühltal auf.

33

Burghausen, Schauplatz eines all-jährlich stattfindenden Jazzfestivals, glänzt auch durch Bürgerhäuser aus dem 18. Jahrhundert, wie dem Tauf-kirchenpalais am Marktplatz.

Rechts: Burghausen, »In den Grüben«, eine charakteristische und reizvolle Gasse mit Häusern in der Innstädter Bauweise.

Der Föhn nimmt es gelassen auf sich, an allem schuld zu sein: Von der Beule am Kotflügel über den verlorenen Grand ohne Vier bis hin zu Depression oder gar Selbstmord.

Geschützte Natur

Wenn der Begriff Oberbayern auftaucht, sieht man ihn gemeinhin mit amerikanischen Augen: Als »Upper Bavaria« mit hochragenden Felsgipfeln und blumenbunten Bergwiesen voll zufriedener Kühe, garniert durch Spielzeugschachteldörfer mit bemalten Fassaden und geranienüberquellenden Balkonen, bevölkert von Goaßlschnalzern und jodelnden Schuhplattlern; dazu noch als Wunderland voll Kunst und Kultur mit Schlössern, Kirchen, Theatern und Museen; kurzum als einen Festplatz touristischer Attraktionen, randvoll mit Gemütlichkeit und Betrieb. Erst auf den dritten Blick wird man gewahr, daß Oberbayern auch ein Land voller Stille und Besinnung ist. Ruhig, beschaulich und besinnlich wird das Land überall dort, wo die touristischen Sensationen fehlen oder der Vermarktung Grenzen gesetzt sind; Grenzen vor allem durch den Gesetzgeber, vereinzelt auch Grenzen durch die Eigenwilligkeit der Natur.

Naturreservate

Viele Jahrzehnte, bevor in unseren Tagen das Wort Umweltbewußtsein geboren und Begriffe wie Nationalpark und Naturpark erdacht wurden, stellte der Freistaat Bayern bereits große Landschaftsteile Oberbayerns unter Naturschutz. 1924 wurden das Karwendelgebirge und das Karwendelvorgebirge mit einer Fläche von 190 Quadratkilometern zum Naturschutzgebiet erklärt; 1926 das Ammergebirge zwischen Lech und Loisach, mit 276 Quadratkilometern eines der größten Naturschutzgebiete Mitteleuro-

pas. 1954 kamen das Naturschutzgebiet Chiemgauer Alpen mit 96 Quadratkilometern und 1978 der alpine Nationalpark Berchtesgaden mit 210 Quadratkilometern dazu. Diese vier großen Schutzzonen umfassen zusammen 772 Quadratkilometer und somit 4,7 Prozent der Fläche Oberbayerns. Addiert man die Flächen vieler kleinerer Schutzgebiete dazu, ergibt sich für die geschützte Natur ein Flächenanteil von sechs Prozent.

Allen diesen vier alpinen Schutzgebieten ist die Verbreitung der Waldgesellschaften gemeinsam. Bis etwa 1500 Meter Höhe reicht der Mischwald aus Fichten, Buchen und Tannen. Darüber folgen bis 1900 Meter die subalpinen Nadelwälder aus Bergfichten, Lärchen und Zirben. Über der Waldgesellschaft trifft man auf Strauchgesellschaften mit Latschen, Alpenrosen, Vogelbeeren und Steinbeeren. Die Grasmatten reichen bis etwa 2300 Meter. Ihr Artenreichtum ist so groß, daß er hier nicht auflistbar ist.

Die Tierwelt ist besonders durch das Vorkommen von Reh-, Hirsch- und Gamswild geprägt. Hinzu kommen Murmeltier, Wiesel, Schneehase, Auer- und Birkhuhn, Fuchs, Alpendohle, Waldohreule, Ringdrossel und Steinadler. Schließlich sind fast alle Arten der in Mitteleuropa heimischen Singvögel vertreten.

Nationalpark Berchtesgaden

Die vier großen Naturschutzgebiete sind einer näheren Betrachtung wert: Der Nationalpark um Königssee und Watzmann ist das alpine Herzstück des Berchtesgadener Landes. Neben seiner vorrangigen Schönheit zeichnet sich das Gebiet durch eine außergewöhnliche Vielfalt an ökologischen Lebensgemeinschaften aus.

Wissenschaftler haben die Land- und Süßwasser-Lebensgemeinschaften der Erde in 16 Hauptgruppen gegliedert; allein 13 davon sind im Nationalpark nachgewiesen. Aus dieser Sicht kommt dem Gebiet die Bedeutung einer »Arche Noah der Alpen« zu. Und wenn auch der Park an seinen Rändern einige stark frequentierte »touristische Brückenköpfe« wie Königssee, Jenner und Hintersee aufweist, ist doch sein großes Kerngebiet, auch bedingt durch das nur schwer zugängliche Gelände und geschickte Lenkung der Besucher, weitgehend gegen menschliche Einflüsse abgeschirmt.

Naturschutzgebiet Chiemgauer Alpen

Verglichen mit dem Bekanntheitsgrad des Nationalparks Berchtesgaden ist das Naturschutzgebiet Chiemgauer Alpen fast ein alpines Niemandsland. Die zwischen Ruhpolding, Reit im Winkl und der Landesgrenze nach Österreich liegende Voralpenregion wird zwar vom bergbahnerschlossenen Rauschberg tangiert und zieht mit dem längs der Alpenstraße eingebetteten Quartett von Weit-, Mitter-, Löden- und Förchensee einige Besucher an, doch dahinter, auf den stillen Wegen um Hörndlwand, Staubfall und Sonntagshorn ist es glücklicherweise eine unzerstörte oberbayerische Bergidylle aus Latschengärten und Alpenrosenfeldern, Forellengewässern und grünen Laubdächern geblieben.

Naturschutzgebiet Karwendelgebirge

Das Naturschutzgebiet Karwendelgebirge, 190 Quadratkilometer groß, dessen größerer Teil sich mit weiteren 530 Quadratkilometern in Tirol fortsetzt, ist eine geschlossene Gebirgsregion von besonders großartigem Zuschnitt. Es gilt als das größte unbesiedelte Terrain Mitteleuropas und erreicht mit seinen annähernd 100 Felskaren, seinen gewaltigen Steinschuttströmen und mächtigen Felswänden einen fast fünfzigprozentigen Ödlandanteil.

Das Gebiet wird nur berührt von der Mittenwalder Karwendelseilbahn, der mautpflichtigen Straße zwischen Wallgau und dem Sylvensteinsee sowie der Mautstraße von Vorderriß ins Herz des Karwendels, zum Großen Ahornboden »in der Eng«.

Naturschutzgebiet Ammergebirge

Das etwa 276 Quadratkilometer große Naturschutzgebiet Ammergebirge wird zwar von der an Schloß Linderhof vorbeiführenden, zwischen Ettal und dem Tiroler Plansee verlaufenden Straße durchquert und im Randbereich von der Seilbahn zum Tegelberg berührt, ist aber in allen anderen Bereichen eine zivilisationsentrückte Alpeninsel der Stille geblieben, die sich nur ausdauernden und gehfreudigen Wanderern erschließt.

Diese vier großen Naturreservate liegen im äußersten Süden Oberbayerns und grenzen alle an Österreich. Sie gehören geologisch zum Bereich der Nördlichen Kalkalpen oder (wie teilweise das Ammergebirge) zu der diesen nördlich vorgelagerten Flyschzone. Die alpine Struktur entstand im wesentlichen in den Zeiträumen der Kreide und des Tertiär durch Aufschichtungen und Faltungen der Erdkruste.

Die an Struktur und Abwechslung reiche Oberflächengestalt ist vor allem auf das Wirken der riesigen, weit nach Norden vordringenden Gletscher während der vier Eiszeiten zurückzuführen, deren mächtige Eisströme die Alpenpässe, Flußtäler, Seenbecken und Moorniederungen ausgeschürft haben. Wenn man die verschiedenen Regionen grob zuordnen will, so sind die beiden Naturschutzgebiete Ammergebirge und Chiemgauer Alpen den voralpinen Bereichen zuzuordnen, während das Karwendelgebirge und der Nationalpark Berchtesgaden bereits zu den Hochgebirgsregionen gerechnet werden.

Als jeweils höchste Berggipfel der Gebiete sind zu nennen: Im Ammergebirge die Kreuzspitze mit 2185 Meter; im Karwendelgebirege die Östliche Karwendelspitze mit 2537 Meter; in den Chiemgauer Alpen das Sonntagshorn mit 1960 Meter und im Nationalpark Berchtesgaden schließlich der Watzmann mit 2713 Meter.

Weitere ursprüngliche Naturräume

Außer den genannten vier großen Naturschutzgebieten gibt es in Oberbayern einige Dutzend kleinere, lokal begrenzte Gebiete, in denen die Natur vollständig oder in bestimmten Erscheinungsformen (Pflanzen, Moore, Gewässer, Tiere) geschützt ist. Deren bedeutendste sind (aufgezählt von West nach Ost): Westerholz, Uferauen um die Lech-Stauseen zwischen Kaufering und Schwabstadl; Ammerschlucht in zwei getrennten Bereichen zwischen Altenau und Kreut sowie zwischen Rottenbuch und dem Ammerknie; Ammermoos, Mündungsgebiet der Ammer vor dem Ammersee; Murnauer Moos zwischen Murnau und Eschenlohe; Reintal-Schachen-Wettersteingebirge bei Garmisch-Partenkirchen; Osterseen zwischen Seeshaupt und Iffeldorf; Gungoldinger Wacholderheide bei Kipfenberg im Naturpark Altmühltal; Kocheler Moos und Mondscheinfilz nördlich des Kochelsees; Königsdorfer Filz zwischen Penzberg und Königsdorf; Isartalauen und Pupplinger Au zwischen Icking und Bairawies; Kirchsee und -filze bei Sachsenkam; Ismaninger Teiche und Speicherseen zwischen Ismaning und Finsing; Eggstätter Seenplatte nordwestlich des Chiemsees; Kendlmühlfilz zwischen Übersee und Grassau; Sossauer Filz östlich von Übersee im Chiemgau; Mündungsgebiet der Tiroler Ache am Südostufer des Chiemsees; Bergener Moos westlich von Bergen; Schönramer Filz und Haarmoos zwischen Waginger und Abtsdorfer See.

Den Eindruck majestätischer Mächtigkeit vermittelt das Liebfrauenmünster in Ingolstadt, das ab 1425 entstand. Der burgartige Charakter wird verständlich, wenn man berücksichtigt, daß die Türme als Geschützstände in die Stadtbefestigung miteinbezogen waren.

Insgesamt 19 Kanonen aus dem 16. und 17. Jahrhundert stehen im Hof des Neuen Schlosses von Ingolstadt. Ihre Verschlüsse sind mit kunstvoll geformten Löwenköpfen verziert, ein Zeichen dafür, daß selbst beim Kriegshandwerk Ästhetik und Kunstsinn nicht vergessen wurden.

Ingolstadt galt jahrhundertelang als die bestbefestigte Garnisonsstadt in Süddeutschland. Die Mauern trotzten sogar den Armeen des schwedischen Königs Gustav II. Adolf im Dreißigjährigen Krieg; erst Napoleon konnte die Stadt erobern. Blick über den einstigen Wassergraben auf die Brücke zum Neuen Schloß (heute Bayerisches Armeemuseum) und auf Teile des Berings.

Vom Berg »Zwölf
Apostel« bei Solnhofen
wandert der Blick ins
idyllische Altmühltal,
das durch den ständigen
Wechsel zwischen Wald,
steilen Felsabschnitten
und Trockentälern land-
schaftlich sehr reizvoll
ist. Kulturhistorisch
interessant sind in dieser
Region auch die prähisto-
rischen Funde, so die
Sammlung urweltlicher
Fossilien in Solnhofen.

Herbst auf dem Sudelfeld:
Im Sommer dient das
Gebiet als Almweide,
im Winter ist es ein be-
liebtes Skigebiet.

Wenige Kilometer vor der Einmündung der Altmühl bei Kelheim durchbricht die Donau den Fränkischen Jura. Zwischen bis zu 100 Meter steil aufragenden Felsen wird der Fluß hier auf eine Breite von nur 70 Metern zusammengepreßt.

Hopfenernte in der Holledau. Maschinell werden die Pflanzen von den Gerüsten gerissen und zur Pflückmaschine transportiert; nur die Reste bedürfen noch der manuellen Nachlese (im Bild).

41

Eines der originellsten
Gebäude der weitläufigen
Burg von Burghausen ist
die Äußere Burg-
kapelle, die Hedwigs-
kapelle, die um 1480 im
Stil reifer Gotik erbaut
wurde. Der Vorbau mit
Netzgewölbe ruht auf
zwei Untersberger
Marmorsäulen, darüber
symbolisieren zwei
zierliche Steinfiguren
den Englischen Gruß.

Der Umgang der Gnaden-
kapelle in Altötting,
Deutschlands berühmte-
stem Wallfahrtsort, ist
von oben bis unten mit
Votivbildern bedeckt.
Sie bezeugen die Hilfe
Marias bei den unter-
schiedlichsten Anliegen
der Gläubigen.

Blick vom Turm der Burghausener Hauptburg auf den 1773 erbauten Barockturm der Spitalkirche Heilig-Geist, die Blendfassaden der Häuser »In den Grüben« und die Salzach, den bayerisch-österreichischen Grenzfluß.

Über die einzige Innbrücke in Wasserburg führte jahrhundertelang die Salzstraße von Bad Reichenhall nach München. Hinter dem Brucktor haben sich die gotischen Bauwerke der Stadt bis in die heutige Zeit erhalten können.

Von der einstigen
imposanten Vierflügel-
anlage des Dachauer
Schlosses, das sich
Kurfürst Max Emanuel
im Jahr 1715 als
Sommerresidenz errichten
ließ, ist nur noch der
Südwesttrakt erhalten
geblieben. Dahinter
erstreckt sich der im
18. Jahrhundert ange-
legte Schloßgarten.

Schloß Haimhausen,
vor den Toren Münchens
im Ampertal gelegen, ist
ein festlich-vornehmer
Bau mit niedrigen Seiten-
flügeln. Der Gebäude-
komplex erhielt 1747
von François Cuvilliés
seine heutige Gestalt,

Pfalzgraf Ottheinrich
ließ sich das Jagdschloß
Grünau in den Donau-
auen östlich von Neuburg
von 1530 bis 1555
erbauen. Die Gräben, die
typischen Staffelgiebel
und die runden Eck-
türme verleihen dem
Renaissancebauwerk
einen trutzigen, wehr-
haften Charakter.

Schloß Blutenburg, eine
spätgotische Wasserburg
aus den Jahren 1438/39,
hat seinen Ursprung im
12. Jahrhundert. In der
von Wasserarmen der
Würm umflossenen Burg
am Stadtrand von
München hat die Inter-
nationale Jugendbiblio-
thek ihren Sitz. Neben
Vorträgen und Lesungen
finden im Schloß Bluten-
burg auch klassische
Konzerte statt.

49

Moderne Architektur, die weltweit neue Impulse gab (beide Bilder). Den Münchner Olympiapark mit Stadion, Sport- und Schwimmhalle überdacht eine kühne, etwa 7500 Quadratmeter große Acrylglaskonstruktion. Konzipiert wurde das Ensemble durch die Architekten Behnisch und Partner für die Olympischen Spiele 1972.

Vom Monopteros, einem Rundtempel im Englischen Garten, ergibt sich ein Panoramablick auf die Silhouette der Münchner Altstadt mit den Türmen von Frauen- und Theatinerkirche.

König Ludwig I. formte im 19. Jahrhundert nach Vorbildern aus der Antike das klassizistische Stadtbild Münchens. Hier ein Blick durch die Säulen der Propyläen zur durch Leo von Klenze erbauten Glyptothek.

Pünktlich um 11 und 17 Uhr zeigen die beweglichen Figuren des Glockenspiels im Neuen Rathaus Szenen der Münchner Stadtgeschichte: Den Schäfflertanz (unten) und das Renaissancefest anläßlich der Hochzeit Herzog Wilhelms V. mit Renata von Lothringen im Jahr 1568 (oben).

Im Englischen Garten errichtete Joseph Frey 1769 den Chinesischen Turm, eine hölzerne Pagode nach fernöstlichem Vorbild. Sie ist der Mittelpunkt eines riesigen Biergartens, in dem bis zu 6000 Besucher Platz finden.

Münchens fünfte Jahreszeit: Das Oktoberfest findet alljährlich in den letzten Septemberwochen auf der Theresienwiese statt. In den meist überfüllten Festzelten herrscht abends eine Bombenstimmung.

Zum Oktoberfest in München, dem größten Volksfest der Welt, kommen jedes Jahr bis zu fünf Millionen Besucher. Dicht an dicht drängen sich die Menschen in den Straßen zwischen den Buden, Karussells und Attraktionen (rechts Darstellung an einem Schaugeschäft). Eine faszinierende Gesamtschau über den Festplatz genießt man aus der Gondel des Riesenrads (oben).

Leo von Klenze, Ludwig von Schwanthaler und Ferdinand von Miller schufen 1837 bis 1850 Münchens gewichtigste Dame: Die 1560 Zentner schwere Bavaria, die auf die Theresienwiese hinunterblickt.

Ein Meisterwerk der bildnerischen Kunst, beschwingt und voller Harmonie: »Mariä Verkündigung« von Ignaz Günther in der Klosterkirche von Weyarn über dem Mangfalltal.

*Die Uferbereiche
des Starnberger Sees bei
Seeshaupt sind teilweise
dicht mit Schilf bewach-
sen. Sie laden am Abend
zu geruhsamen Spazier-
gängen ein.*

*Ein beliebter Wanderweg
führt vom Erholungsort
Tutzing am Westufer des
Starnberger Sees über die
Ilkahöhe (728 m). Von
hier aus kann man sei-
nen Blick weit über den
Starnberger See bis in das
bayerische Oberland
schweifen lassen.*

Tore wie das gotische
Bayertor zeugen in
Landsberg am Lech noch
von der Zeit, als die
Stadt aufgrund ihrer
strategischen Lage eine
der stärksten Festungen
Bayerns war. Die Stadt
zog nicht allein aus dem
Salzhandel Gewinn,
sondern war auch ein
Zentrum der Goldschmie-
de und Tuchmacher.

Der Klosterhof von
Rottenbuch mit der Stiftskirche Mariä Geburt.
Von diesem ehemaligen
Augustinerchorherrenstift
aus erfolgte die Besied-
lung Berchtesgadens,
nach der Säkularisation
verfielen jedoch die
meisten Gebäude.

Bei den Ritterspielen in
Kaltenberg, einem Ort bei
Geltendorf nordwestlich
von München, finden
alljährlich im Juni
mittelalterliche Turniere
statt. Daneben wird das
höfische Leben zu jener
Zeit in historischen Ko-
stümen nachgespielt.

Was wäre Oberbayern ohne seine Biergärten? Unter schattigen Bäumen genießt man den Tag in fröhlicher Runde bei einer oder auch mehreren Maß Bier; hier im Garten des Lokals »Alte Villa« in Utting am Ammersee (oben). Und »grad zünftig« wird es, wenn auf einem der zahlreichen bayerischen Feste eine Blaskapelle aufspielt (unten).

Das Marienmünster
(links) in Dießen gilt als
eine der bedeutendsten
Barockkirchen Ober-
bayerns. Es wurde
Anfang des 18. Jahrhun-
derts von Johann Michael
Fischer errichtet. Älteren
Datums ist das Wesso-
brunner Benediktiner-
kloster, 753 von Herzog
Tassilo III. gegründet
(oben). Es war von 1600
bis 1800 das Zentrum
der süddeutschen Stukka-
tur- und Baukunst.

Die Wallfahrtskapelle
Maria im Heuwinkl aus
dem Jahr 1698 steht auf
einer Anhöhe über Iffel-
dorf am Ostersee. Ihre
eigenwillige Architektur
prägte der Wessobrunner
Baumeister Johann
Schmuzer (1642–1701)

In der stuckverzierten Wallfahrtskirche Zur Schmerzhaften Maria in Vilgertshofen. Die von 1686 bis 1692 von Johann Schmuzer auf einem kleeblattförmigen Grundriß erbaute Kirche ist ein Meisterwerk der Wessobrunner Schule und gilt als Hauptwerk des Baumeisters.

Dießen am Ammersee
ist berühmt wegen seines
hoch über dem Ort lie-
genden Marienmünsters.
Im Inneren des weithin
sichtbaren Gotteshauses
beeindruckt das große
Deckenfresko mit
Themen aus der Orts-
geschichte, das Johann
Georg Bergmüller um
1730 geschaffen hat.

*Beim Seefest in Dießen
am Ammersee sorgen
Alphornbläser für den
musikalischen Rahmen.*

Nach alter Sitte gehört zum Seefest in Dießen das Fischerstechen. Dabei versuchen die Kontrahenten sich gegenseitig mit langen Stangen vom Boot aus ins Wasser zu stoßen.

Der Ostersee ist das
größte Gewässer der
nach ihm benannten
Seenplatte südlich des
Starnberger Sees. Die
sehr abwechslungsreiche
Vegetation von Flach-
mooren, Kiefern- und
Buchenwäldern steht
unter Naturschutz.

Über dem Ammersee
zieht ein Gewitter
auf. Die Segler kennen
die Gefahren dieser
rasch hereinbrechenden
Unwetter und haben
den schützenden Hafen
aufgesucht.

Moorgebiete sind als Relikte eiszeitlicher Alpengletscher in Bayern weit verbreitet: Links das Murnauer Moos, das größte intakte Moor im Alpenraum. Oben eine Impression aus dem Naturschutzgebiet Osterseen, einer einzigartigen Landschaft von 21 miteinander verbundenen Moorseen.

*Die Marienlinde bei
Schwifting wird auf ein
Alter von 1200 Jahren
geschätzt. Die Kelten
hatten an dieser Stelle
eine Kultstätte errichtet.*

*Birken sind die typischen
Bäume in Moorgebieten.
Hier säumen sie – im
Rauhreif erstarrt – eine
Straße im Ammermoor.*

Die Windverhältnisse
im Gebirge, hier im
Werdenfelser Land,
bieten geradezu ideale
Voraussetzungen für
Segelsportler. Die auf
dem Wank (1780 m)
gestarteten Paraglider
landen bei der Pfeiferalm
(900 m). Im Hintergrund
ist das Bergdorf Wam-
berg mit der Wetterstein-
wand zu sehen.

Vom Örtchen Hohen-
peißenberg im Pfaffen-
winkel aus geht es
hinauf zum Peißenberg
(988 m). Von dem
bekannten Aussichts-
punkt hat man einen
Blick über elf Seen.

Das Wahrzeichen Mittenwalds ist die Pfarrkirche St. Peter und Paul, 1738 bis 1740 durch Josef Schmuzer erbaut (oben). Matthias Klotz (1653–1743) war es, der nach einer Geigenbauerlehre in Italien das Handwerk in seinen Heimatort brachte. Die Entwicklung zum Geigenbauerort dokumentiert ein Museum (links).

Ein schönes Beispiel der Fassadenmalerei am Hotel Post in Wallgau. Unter dem reich verzierten Bundwerkgiebel schmückt die barocke Lüftlmalerei des Mittenwalder Malers Franz Karner die Fassade.

Kloster Ettal gründete
Kaiser Ludwig der Bayer
im Jahr 1330. Das
Marienmünster – hier
die Westfront der Klosterkirche mit ihrer 68 Meter
hohen Kuppel – erhielt
seine jetzige Gestalt im
18. Jahrhundert von
Enrico Zuccalli
(1642–1724), der auch
die Theatinerkirche in
München und die Schlös-
ser Nymphenburg und
Schleißheim errichtete.

Schloß Linderhof im
Graswangtal, neun
Kilometer von Ettal und
zehn von Oberammergau
entfernt, ließ sich Ludwig
II. erbauen. Der stein-
gewordene Traum des
sagenumwobenen
Bayernkönigs entstand
von 1870 bis 1879 und
ist das einzige Schloß,
das noch zu Lebzeiten
dieses Herrschers fertig-
gestellt wurde.

Kloster Schlehdorf (links)
am Nordufer des Kochel-
sees ist wahrscheinlich
ein Ableger des nahegele-
genen Klosters Benedikt-
beuern (Eingangstor
zum Hof im Bild oben)
und gehört somit zu den
bayerischen Urklöstern.
Die Doppelturmfassade
der Kirche ist klassizi-
stisch geprägt.

*Das Südufer des Kochel-
sees beherrschen mächti-
ge Berge wie Herzog-
stand, Heimgarten und
Jochberg. Wer den Joch-
berg (rechts) erklommen
hat, wird auf dem Gipfel
für die Anstrengung mit
einer schönen Aussicht
über den Walchensee und
das Wettersteingebirge
belohnt (oben).*

Dem Schmied von Kochel wurde in Kochel am See ein Denkmal gesetzt. Der Volksheld wurde 1705 durch die Sendlinger Bauernschlacht, einem Freiheitskampf der oberbayerischen Landbevölkerung gegen die kaiserlich-österreichische Besatzung, zur Legende.

Stuckdekorationen, Lüftlmalerei und weit vorspringende Giebeldächer – schmucke Häuser in der Marktstraße von Bad Tölz.

Vom 2996 Meter hohen Zugspitzgipfel geht der Blick über Riffelspitze, Schönangerspitze und Waxensteine in das wolkenverhangene Garmischer Talbecken.

Je nach Sonnenstand und Jahreszeit zeigen die Berge immer wieder ein neues Gesicht: Pleisen- und Riedlkarspitze im Winter von der Karwendelgrube bei Mittenwald aus betrachtet.

Teilnehmerinnen bei der Leonhardifahrt in Bad Tölz. Mit diesem Brauch huldigt man dem heiligen Leonhard, der schon seit dem 15. Jahrhundert als »Viehpatron« verehrt wird.

Bootsanlegestelle in Rottach-Egern, dem Doppelort am Tegernsee; im Hintergrund der Wallberg (1722 m). Der See, seine landschaftlich reizvolle Umgebung und das vielfältige Unterhaltungsangebot machen die Region zu einem beliebten und vielbesuchten Urlaubsziel.

Blick vom Aussichts-
punkt Törwang-Obereck
auf den Samerberg.
Diese Landschaft, die
sich zwischen den Tälern
von Inn und Prien
erstreckt, bildet den westlichen Abschnitt des
Oberen Chiemgaus. Im
Bildhintergrund ist der
Simssee zu erkennen.

Die Dörfer Törwang und Grainbach liegen eingebettet in eine wald- und wiesenreiche Landschaft vor der Hochries (1569 m), die durch eine Bergbahn von Grainbach aus erschlossen ist.

Szenen vom Traunsteiner Georgiritt: Männer und Frauen in der regionalen Tracht fahren im offenen Wagen bei der Prozession mit (oben). Diese Tradition geht bereits auf das Jahr 1526 zurück. Auch die Pferde werden zu diesem Anlaß mit prächtigem Kopfputz geschmückt (links).

Der festliche Umzug des farbenprächtigen Georgirittes führt von Traunstein zur Kirche von Ettendorf und wird von einem Reiter mit Standarte angeführt.

Die romanische Kirche
von Urschalling, einst
Station an einer Pilger-
straße, bewahrt im Inne-
ren Wandmalereien des
12. und 14. Jahrhunderts
mit Szenen aus der Heils-
geschichte (links).
Die Pfarrkirche Mariä
Himmelfahrt aus dem
Jahr 1332 in Laufen ist
die älteste gotische
Hallenkirche Süddeutsch-
lands. Sie wird auf drei
Seiten von einem niedri-
gen gewölbten Bogengang
umzogen (oben).

Putto an einem Grab
auf dem Friedhof von
Frauenchiemsee. Die
13 Hektar große Chiem-
seeinsel hat sich trotz des
Besucheransturms ihre
Beschaulichkeit bewahrt.
Sehenswert sind das
Benediktinerkloster aus
dem Jahr 766, heute teil-
weise Internat, und die
Klosterkirche.

*Auf einer Insel im
Klostersee, die durch
einen Damm und einen
Holzsteg mit dem Land
verbunden ist, liegt das
Benediktinerkloster Seeon
im Chiemgau. Es wurde
994 von dem Uradels-
geschlecht der Aribonen
gegründet und war bis ins
18. Jahrhundert hinein
ein Hort der Kunst und
Wissenschaft. Heute be-
herbergt es ein Bildungs-
zentrum, und ein stim-
mungsvolles Restaurant
lädt zur Rast ein.*

*Die Hügellandschaft des
Voralpenlandes am Inn
bietet auch Schafherden
ausreichend Futter.
Rechts im Bild ist das
Kloster von Au am Inn zu
sehen. Das ehemalige
Augustinerchorherren-
stift, direkt am Fluß, errichtete von 1687 bis
1688 Domenico Zuccalli.*

Bei Sachrang zeigt sich das Priental noch mit leicht bewaldeten Hügeln. Zur Tiroler Grenze hin öffnet es sich dann und gibt den Blick auf das beeindruckende Felsmassiv des Kaisergebirges in Österreich frei.

Schloß Hohenaschau ist eine der mächtigsten Burgen am Rand der Alpen. Der imposante Komplex beherrscht von seinem hohen Bergriegel das Priental. Die Ursprünge Hohenaschaus gehen auf das 12. Jahrhundert zurück; im 17. und 20. Jahrhundert wurde es mehrfach umgebaut. Durch einige Räume des Schlosses finden Führungen statt.

103

Ein Bergbauernhof
im Berchtesgadener Land
vor der malerischen
Kulisse von Mühlsturz-
horn und Reiteralpe –
für von Streß und Hektik
geplagte Städter der
Inbegriff von Einsamkeit
und Ruhe.

Auf einer Höhe von
1781 Metern thront auf
einem Felsen des Wendel-
steins das Wendelstein-
Kirchlein. An jedem
Sonntag wird hier
ein Berggottesdienst
abgehalten.

Der Senner genießt die Pfeife auf der Bank vor seiner Almhütte im Berchtesgadener Land. Das Kofferradio sorgt für die Verbindung zur Außenwelt.

Im Berghaus auf dem Wendelstein kehren nicht nur müde und durstige Touristen ein, sondern man kann in der Bergstation auch »waschechten« Bayern begegnen.

Bundwerk nennt man die kunstvollen Zimmermannsarbeiten, die im Landstrich zwischen Alz und Salzach häufig zu finden sind. Ein schönes Beispiel dieser Art ist der Stall mit aufgesetzter Bundwerktenne in Heilham zwischen Trostberg und Tittmoning.

Deutlich ausgeprägt ist in Oberbayern der Sinn für das Dekorative, für Blumenschmuck und Volkskunst. Oben der Balkon am Haus des Fischers von Sankt Bartholomä am Königssee; rechts die Wand eines Bauernhauses in Maria Gern bei Berchtesgaden.

Eingebettet in eine Bilderbuchlandschaft zwischen
Chiemsee und Salzburg
liegt das ehemalige
Kloster Höglwörth, um
1125 durch den Salz-
burger Konrad gegründet.
Nicht zuletzt wegen
seines zünftigen Bier-
gartens ist es ein beliebtes Ausflugsziel.

Die oberbayerischen
Hausfassaden sind kei-
neswegs so einheitlich,
wie es dem Laien er-
scheint. Relativ wenig bekannt sind Häuser mit
unverputzten Mauern aus
Natur- und Feldsteinen,
wie an diesem Bauern-
haus auf dem Samerberg.

Oft mühsam ist die Arbeit, die diese Bergbauernfamilie bei der Heuernte im Berchtesgadener Land verrichten muß.

Die Hindenburg-Linde über dem Tal der Ramsau stand schon hier, als sich die ersten Siedler in der Landschaft vor dem Watzmann niederließen. Ihren Namen erhielt sie allerdings erst in diesem Jahrhundert, als sie der damalige Reichspräsident während eines Manövers besuchte.

113

Von Marktschellenberg
im Berchtesgadener Land
führt der Weg zur maleri-
schen Almbachklamm
(oben). Das Wildwasser
treibt noch heute die
sogenannte Kugelmühle
(links) am Ende
der Klamm an.

Wildromantische
Felsenwelt bei Berchtes-
gaden: In der Wimbach-
klamm strömt das klare,
weiß schäumende Ge-
birgswasser über moos-
bewachsene Felsen in die
enge Schlucht hinunter.

115

*Blick auf den Watzmann
von Nordosten. Die
Watzmanngruppe in den
Berchtesgadener Alpen
besteht aus der »Frau«,
dem Kleinen Watzmann
mit 2307 Metern, der
Mittelspitze (2713 m),
die »Mann« genannt
wird, und weiteren klei-
neren Spitzen, den fünf
»Watzmannkindern«.*

*Ein beliebtes Motiv für
Maler und Fotografen
ist der Blick über die
Ramsauer Ache auf die
Pfarrkirche des heilklima-
tischen Kurorts Ramsau.
Das barocke Kirchlein
aus dem Jahr 1512 bildet
einen reizvollen Kontrast
zum mächtigen Massiv
der Reiteralpe.*

*Im Nationalpark
am Königssee: Neben
Rindern kommen auch
Pferde in den Genuß
der Alpenkräuter und der
Bergluft (hier auf einer
Bergwiese im Scharitz-
kehl mit dem Blick
zum Hohen Göll).*

*Landschaftsbild im
Berchtesgädener Land:
Hinter dem 1685 erbau-
ten Fendleitenhof erhebt
sich das eindrucksvollste
Gipfelmassiv der
deutschen Alpen:
Der Watzmann mit
»Frau und Kindern«,*

OBERBAYERN

Kirche
Kloster
Schloß
Alm

0   10 km

N

Siebenmal unterwegs in Oberbayern

Annäherung von Norden

Verläßt man die Autobahn Nürnberg–München an der Ausfahrt Greding und fährt durch den Ort ostwärts in Richtung **Beilngries**, empfängt einen hoch über Stadt und Altmühltal der gewaltige Komplex von *Schloß Hirschberg*, im Ursprung mittelalterliche Burg, später Sommersitz der Fürstbischöfe von Eichstätt.

Auch der Kern von Beilngries bietet mit seinen reizvollen Staffelgiebelhäusern, mit Pfarrkirche und Ringmauertürmen viele köstliche Veduten. Anschließend folgt man dem Lauf der Altmühl flußaufwärts, wo sich Sehenswertes in bunter Folge aneinanderreiht: Das *Felsentor* über **Unteremmendorf**; die mauer- und türmeumgürtete *Wehrkirche* von **Kinding**; die romantischen, von Burggemäuer überragten Ortsbilder von **Kipfenberg** und **Arnsberg**; das Naturschutzgebiet Gungoldinger Wacholderheide; die »Römerbrücke« bei Pfünz. Schließlich, ein kleines Kunstreich für sich, **Eichstätt** mit der barocken *Domstadt*, der majestätisch über dem Altmühltal thronenden *Willibaldsburg* sowie Klöstern und Kirchen.

Bei Eichstätt verläßt die Route das Altmühltal, führt über Nassenfels (ehemalige Wasserburg) in das zwischen Wäldern versteckte **Bergen** mit seiner romanischen, später in schönstem Barock ausgestatteten *Wallfahrtskirche*.

Bei der Abfahrt in das Donautal beeindruckt schon aus der Ferne die Silhouette von **Neuburg**: Schloß, Türme, Kirchen, Kuppeln und Giebeln der Residenzstadt drängen sich zur großartigen Baugruppe zusammen. Die auf einem Jurafelsen gebaute Altstadt bewahrt Zeugnisse und Kunstwerke von der römischen Epoche bis in die Neuzeit. Aus der Vielzahl an Sehenswertem sind hervorzuheben: *Renaissanceschloß* mit prächtigem arkadenumrahmtem Sgraffito-Hof, *Schloßkapelle* von 1543 und Schloßmuseum; imposante *Hofkirche St. Maria* mit vorzüglicher Renaissanceausstattung; Rathaus, Theater und Bibliothek; *Jagdschloß Grünau* (6 km östlich).

Szenenwechsel: Im brettebenen Donaumoos erkennt man die späte Urbarmachung und Besiedlung (im 18. und 19. Jahrhundert) an den schnurgeraden Straßen, Wassergräben und Siedlungszeilen. Ein stimmungsvolles Kleinod ist *St. Peter* in **Sandizell** mit einem besonders schönen Hochaltar von Egid Quirin Asam. Gleich danach kommt man nach **Schrobenhausen**, ein behäbiges Städtchen im Tal der Paar, Geburtsort des Malers Franz von Lenbach und Zentrum des oberbayerischen Spargelanbaugebietes. Bemerkenswert sind im Ort die *Stadtpfarrkirche St. Jakob*, die *Frauenkirche* und noch erhaltengebliebene Reste des Mauerrings.

Das ehemals etwas verschlafene Städtchen **Pfaffenhofen** erhielt in jüngster Zeit durch Gewerbe- und Industriezuwachs kräftige Impulse. Mittelpunkt ist der geräumige, typisch altbayerische *Marktplatz* mit schönen Giebelhäusern und der *Stadtpfarrkirche St. Johann Baptist* mit bemerkenswerter Ausstattung. Die kunsthistorischen Glanzpunkte aber liegen in der benachbarten Umgebung: Fünf Kilometer südlich **Ilmmünster** mit der ehemaligen *Stiftskirche St. Arsatius*, deren markanter Baukörper aus dem frühen 13. Jahrhundert schon von weitem den Blick fesselt.

Noch einen Rang höher ist das fünf Kilometer nordwestlich auf einer markanten Hügelkuppe gelegene **Kloster Scheyern** einzustufen. Ursprünglich die Stammburg der Wittelsbacher, vormals Grafen von Scheyern, kam die Anlage 1119 an die Benediktiner, die es zu einem Zentrum klösterlichen Lebens formten. Bemerkenswert sind die Ausstattung der *Klosterkirche Mariä Himmelfahrt*, der Kreuzgang, die Schmerzhafte Kapelle und die Grabkapelle der Grafen von Scheyern-Wittelsbach.

Fährt man von Scheyern westwärts über Gerolsbach nach **Gachenbach**, dann beeindruckt in diesem Dorf die *Georgskirche*, deren Form auf das hohe Mittelalter als Erbauungszeit schließen läßt. Innen fand man Fresken und die Reste spätgotischer Ausstattung. Nördlich davon versteckt sich auf einer Waldkuppe die *Wallfahrtskirche Maria Beinberg*. Der spätgotische Bau erfreut mit seinem kunstvoll gestalteten, lichtdurchfluteten Altarraum, den Wandfresken, Gipsreliefs und zahlreichen Votivtafeln.

Südlich von Gachenbach kommt man unbeabsichtigt von Oberbayern in den seit 1972 schwäbischen Landkreis Aichach-Friedberg. Ehe man in Richtung Altomünster wieder ins Oberbayerische zurückschwenkt, sollte man wenigstens eine von vielen Kostbarkeiten aufsuchen: Die Wallfahrtskirche *Maria Birnbaum* bei **Sielenbach**, ein ungewöhnliches Bauwerk, dessen bewegte Kuppelsilhouette fast russisch wirkt. Das Innere ist ein festlich-heller Zentralbau, in dem besonders der herrliche Stuck des Wessobrunners Matthias Schmuzer besticht. Nächstes Ziel ist **Altomünster**. Inmitten des stattlichen Dorfes beeindruckt die *Kirche des Birgittenklosters*. Sie ist das letzte große Bauwerk des genialen Johann Michael

Fischer und verkörpert zugleich den Abschluß der Stilepoche des süddeutschen Barock und Rokoko (Ende 18. Jahrhundert). Von ganz anderem Stilcharakter ist die Kirche auf dem **Petersberg** bei Erdweg. Zu Beginn des 12. Jahrhunderts erbaut und 1968 bis 1970 restauriert, gehört sie mit ihrer sparsamen Ausstattung zu den wenigen unveränderten Zeugnissen aus romanischer Zeit auf bayerischem Boden.

Nur sechs Kilometer glonntalabwärts breitet sich im hügelumkränzten Becken der stattliche **Markt Indersdorf** aus. Hauptanziehungspunkt ist nicht die Pfarrkirche, sondern das jenseits der Glonn am Südostufer gelegene ehemalige *Augustiner-Chorherrenstift*, ein ansehnlicher Baukomplex, dessen Ursprünge auf das 12. Jahrhundert zurückreichen. Die Klosterkirche St. Maria ist in Proportionen und Substanz eine romanische Pfeilerbasilika, die 1754/55 eine prunkvolle Barock- und Rokokoausstattung erhielt. Arbeiten von Künstlern wie Franz Xaver Feichtmayr (Stuck) und Matthäus Günther (Fresken) schmücken den Kirchenraum, in dem besonders der kunstreiche Hochaltar besticht. Am südlichen Seitenschiff ist die reichstuckierte Rosenkranz-

kapelle angeschlossen. Die Klostergebäude, zuletzt 1693 bis 1704 erbaut, enthalten unter anderem noch einen gotisch gewölbten Kreuzgang und die Nikolauskapelle mit Grabdenkmälern. Südöstlich von Markt Indersdorf empfehlen sich auf dem Weg nach Haimhausen zwei Kirchen zum Besuch. Zunächst in **Sigmertshausen** *St. Vitalis*, ein kleiner Zentralbau mit schönen Fresken, 1745 bis 1755 von Johann Michael Fischer erbaut. Im benachbarten **Schönbrunn** steht die architektonisch eigenwillige *Hofmarkkirche*, 1723/24 erbaut und reich stuckiert.

Wenig später erreicht man **Haimhausen**. Die heiter-gelöste, ländliche Atmosphäre des Ortes im Ampertal läßt kaum ahnen, daß man sich schon in der Nähe Münchens befindet. Schmuckstück ist das repräsentative *Schloß* der ehemaligen Grafen von Haimhausen, ein dreigeschossiger Hauptbau mit zwei Seitenflügeln, Mitte des 18. Jahrhunderts durch François Cuvilliés d. Ä. erbaut. Bemerkenswert sind der reich freskierte Festsaal und die schöne Schloßkapelle.

Die Fahrt im Ampertal nach Dachau ist eine vergnügliche Autowanderung längs des Flusses, der sich von seiner malerischsten Seite zeigt. Das

Die Tracht wird bei Festen noch gern getragen.

Städtchen **Dachau**, heute betriebsam und mit seinem Siedlungsraum fast an die Außenbezirke Münchens anschließend, läßt auf der Kuppe des Schloßberges noch den Zauber der heimeligen Vergangenheit erahnen. Hier am Schrannenplatz mit den hochgiebeligen Häusern, der Silhouette der *Pfarrkirche St. Jakob*, mit Rathausbrunnen und Zieglerbräu kann man sich noch in die Zeit zurückversetzt fühlen, in der sich vor 100 Jahren Ludwig Thoma hier inmitten einer Maler- und Künstlerkolonie als erster Advokat des Ortes niederließ und dem Volk seine schnurrigen Geschichten ablauschte. Dem Altstadtkern eng benachbart liegt das *Schloß*, dessen einziger erhaltener Flügel einen Festsaal mit einzigartiger Kassettendecke enthält. Schönster Schmuck des Schloßgeländes ist der wunderschöne Barockgarten, der gleich einer Balustrade über Stadt und Ampertal thront und eine schöne Aussicht über das Dachauer Moos zur Stadt München und an klaren Tagen bis zur Alpenkette gewährt.

Das eindrucksvolle Finale dieser Reiseroute bildet der *Schloßkomplex* von **Schleißheim**, unmittelbar neben der B 471 vor den Toren Münchens gelegen. Die Anlage besteht aus drei Teilen: Dem von Wirtschaftsgebäuden umgebenen *Alten Schloß*, dem repräsentativen *Neuen Schloß* und dem Schlößchen *Lustheim* im Schloßpark. Das Neue Schloß 1701 bis 1704 von Enrico Zuccalli für Kurfürst Max Emanuel erbaut und von Joseph Effner fortgeführt, imponiert durch seine monumentale Gestalt mit der 330 Meter langen Fassade. Das Innere enthält neben vielen Prunkräumen eine sehenswerte Barockgalerie der Bayerischen Staatsgemäldesammlungen. Lustheim ist ein relativ

Das Gartenparterre von Schloß Nymphenburg in München präsentiert sich mit einer großzügigen Freitreppe.

kleines Schloß nach dem Vorbild italienischer Barockvillen. Bemerkenswert sind die einheitliche Gestaltung von Bau und Ausstattung, mehrere reichgeschmückte Räume sowie eine wunderschöne Meißen-Porzellansammlung. Zwischen Lustheim und Neuem Schloß erstreckt sich der über ein Kilometer lange Barockpark. Mit Schloß Schleißheim endet die Route durch Oberbayerns doch weniger bekannte nördliche Hälfte. Von Schleißheim besteht ein rascher Anschluß an die Münchner Innenstadt oder für die Weiterfahrt in Richtung Süden.

Die Deutsche Alpenstraße

Deutsche Alpenstraße – der Name klingt großspurig, ja reißerisch, zumal wenn man den winzigen deutschen Anteil von kaum fünf Prozent am Gesamtalpenraum betrachtet. Man vermutet spontan die Wiege des Begriffs in Hitlers Planungsbüros. Dem ist nicht so. Der Ursprung der Idee und die Anfänge der Verwirklichung reichen bis in die Zeit nach dem Ersten Weltkrieg zurück. Zunächst dachte man an den Ausbau einer alpinen Wanderroute zwischen Bodensee und Königssee, die sich jedoch bald zur Autostraßenplanung auswuchs. Weil für das große Vorhaben das Geld fehlte, knüpfte man bereits vorhandene Straßenzüge aneinander, darauf vertrauend, daß aus dieser Salamitaktik eines Tages die Traumtrasse durch die deutschen Alpen erwachsen würde.

Auch der wirtschaftliche Boom der Nachkriegsjahre führte nicht vorrangig zu weiterem Ausbau, zumal man sich in neuerer Zeit aus Sorge um Natur und Umwelt verstärkt gegen eine noch größere Erschließung und Zerstörung des Alpenraumes wandte.

So zieht denn die Deutsche Alpenstraße relativ unbescholten als Torso am Nordrand der Alpen entlang – ein Stückwerk mit Anleihen bei Bundes- und Landstraßen, Gemeinde- und Forstwegen, mit einigen wunderschönen alpinen Panoramastrecken und einigen Lücken, die man auf Umwegen mühsam überbrücken muß. Kaum einen stört dies jedoch. Unbehaglich stimmt eher die Vorstellung, die Alpenstraße wäre von Lindau bis nach Berchtesgaden als durchgehendes Band großzügig ausgebaut, vielleicht vierspurig, und würde folglich als erklärte deutsche Renommierstrecke die Pkw- und Busschlangen halb Europas auf sich vereinigen.

Die Bayern haben sich mit dem Fragment Alpenstraße ausgesöhnt. Man pickt die Rosinen aus dem Kuchen, nützt die schönsten Teilstücke zu Kurzausflügen, hat ohnehin kaum das Bedürfnis, den ganzen Alpenrand von Ost nach West zu durchmessen.

Auch die Zeit hat sich geändert. Mit ihr die Einstellung der Menschen zu Naturerschließung, Reisekomfort, Fortschritt und Perfektion. Von Tag zu Tag wird die Schar derjenigen größer, denen ein relativ ruhiges Ausflugs-, Wander- oder Skigebiet wichtiger ist als großartige gebietsübergreifende Touristenstraßen. Immerhin gibt es nach wie vor eine Arbeitsgemeinschaft Deutsche Alpenstraße (ARGE Alp); sie wacht mit aufmerksamem Auge darüber, daß das Grundkonzept nicht in Vergessenheit gerät.

Schloß Maxlrain bei Tuntenhausen wurde im Stil der Renaissance von 1582 bis 1585 errichtet.

Fünfseenland – Lech – Pfaffenwinkel

Die Rundreise durch das südwestliche Oberbayern beginnt in **Fürstenfeldbruck**. Der Auftakt ist fulminant: Die ehemalige *Klosterkirche* Fürstenfeld gehört zu den größten und schönsten Gotteshäusern Bayerns.

»Fürstenfeld-Bruck«, der Name klingt doppeldeutig. Bruck war ein uralter Markt am Amperübergang, Fürstenfeld eine Klostergründung des 13. Jahrhunderts. Im Spätmittelalter wuchs beides zusammen und blühte auf. Schwedenkrieg und Säkularisation brachten den Niedergang; unversehrt blieb die Kirche in ihrer Großartigkeit. Im Stil verschmilzt die repräsentative Sakralarchitektur Italiens (Baukörper, Fassade) mit der Schmuckfreudigkeit des bayerischen Barock (Stuck, Altäre, Farben- und Formenvielfalt) zum eindrucksvollen festlichen Gesamtwerk.

Die Route führt im Ampertal südwestwärts; nach **Schöngeising** (Johanneskirche mit Grabstein von Orlando di Lasso) folgt **Grafrath** mit der bukolisch gelegenen *Wallfahrtskirche St. Rasso*. Im 10. Jahrhundert gegründet, ist die heutige Kirche von 1694 bereits das vierte Bauwerk. Aus der qualitätvollen Ausstattung der Wandpfeilerkirche ragen der schöne Wessobrunner Stuck sowie mehrere kunstreiche Figuren heraus.

Bei seiner Gründung vor 1000 Jahren lag St. Rasso noch auf einer Insel des Ammersees, dessen Ufer sich seitdem um fünf Kilometer südwärts zurückgezogen haben. Heute steht die Kirche am Rand dieser Verlandungszone, dem unter Landschaftsschutz stehenden Ampermoos. An dessen hügeligem Nordwestrand fährt man auf beschaulichen Wegen über **Kottgeisering** (schönes, mehrfach prämiertes Ortsbild) nach **Türkenfeld** (Pfarrkirche Mariä Himmelfahrt) und durch das waldreiche Hügelland nach **St. Ottilien**, 1886 als erstes deutsches Missionskloster gegründet. Die weitläufige Anlage erfreut sich, vornehmlich wegen der schönen Lage und dem sehenswerten Missionsmuseum (präparierte exotische Wildtiere, Exponate uralter afrikanischer und asiatischer Kulturen), regen Zuspruchs. Was St. Ottilien an kunsthistorischem Rang fehlt (Klosterkirche von 1903), hat das benachbarte **Eresing** vorzuweisen:

Das Brucktor an der Innbrücke in Wasserburg.

Die *Kirche St. Ulrich*, an deren heutiger Gestalt aus dem Jahr 1757 fast 300 Jahre lang gearbeitet wurde, ist ein fröhlich-würdiger Festsaal in schönstem bayerisch-schwäbischem Rokoko.

Wer als Reisender der Stärkung bedarf, erfährt diese auf volkstümlich-deftige Art in der nahen Einkehr der Schloßbrauerei **Kaltenberg** (alljährlich im Juni mittelalterliche Ritterspiele). Danach fährt man über **Weil** (Pfarrkirche mit reicher Ausstattung) nach **Kaufering**. Ehe man den modisch-gewerbereichen Ortskern im Lechtal erreicht, fasziniert auf der Talrandhöhe die mächtig aufragende *Pfarrkirche St. Johannes des Täufers*, deren Turm kilometerweit den Blick anzieht. 1704 bis 1706 durch das Kloster Dießen errichtet, beeindruckt die Kirche durch reichen Wessobrunner Stuck sowie die schönen Altäre und vortrefflichen Statuen.

Aus dem kleinen Kreis der altertümlich-romantischen Städtchen in Oberbayern treten zwei als besonders reizvoll hervor: Im Osten Wasserburg am Inn, im Westen Landsberg am Lech. Hier wie dort sind es nicht einzelne Baudenkmäler, von denen die Wirkung ausgeht; das eigentliche Monument ist das Gesamtkunstwerk der alten Stadt

selbst. **Landsberg** erwuchs aus zwei Kernzellen: Der auf dem Schloßberg im 12. Jahrhundert durch Heinrich den Löwen gegründeten Burg, und der Siedlung auf dem Uferstreifen zwischen Burgberg und Lech. Schon um 1260 wurde der Markt um die Pfarrkirche, strategisch günstig am Schnittpunkt kontinentaler Handelsstraßen gelegen, zur Stadt erhoben. Deren Grundstruktur mit dem festhofartigen Markt (Hauptplatz) hat sich bis heute erhalten. Zu den vorrangigen Sehenswürdigkeiten zählen die *Stadtkirche Mariä Himmelfahrt*, die *St.-Johannes-Kirche* und die *Hl.-Kreuz-Kirche*; ferner das gotische *Bayertor* und das *Rathaus* am Hauptplatz. Allenthalben im Stadtbild begegnet man dem Wirken des genialen Baumeisters und Stukkateurs Dominikus Zimmermann (1685–1766; Hauptwerke: Wieskirche, Wallfahrtskirche Steinhausen, Bibliothek Schussenried), der 1749 bis 1754 Landsberger Bürgermeister war. Hier schuf er unter anderem die prächtige Stuckfassade des Rathauses.

Hinter Landsberg folgt die Route einem Teilstück der Romantischen Straße (B 17), die sie nach zehn Kilometern beim Römerkessel (Gasthof, Aussicht) ostwärts verläßt, um über den Lech hinweg das nächste Ziel anzusteuern: **Thaining** und seine *Bauernkirche St. Wolfgang*. Im schlichten Raum überrascht eine ungewöhnlich reichhaltige, kräftig-bunte Ausstattung von bäuerlich-naiver Darstellungsart.

Weithin berühmt in Thainings Nachbarschaft ist **Vilgertshofen** mit seiner *Wallfahrtskirche Zur Schmerzhaften Maria*, einem Meisterwerk der Wessobrunner Schule. Der eigenwillige, im Grundriß kleeblattförmige Zentralbau ist reich stuckiert und von festlicher Helligkeit. Die Kirche, erbaut 1686 bis 1692, ist das Hauptwerk des Wessobrunner Baumeisters Johann Schmuzer.

Auf beschaulichen, ländlichen Straßen fährt man über Rott dem nächsten Ziel entgegen, dessen Name weltberühmt ist: **Wessobrunn**. Das ehemalige *Benediktinerkloster*, 753 durch Herzog Tassilo III. gegründet und eines der bedeutendsten Klöster Altbayerns, war von etwa 1600 bis 1800 das Zentrum der süddeutschen Stukkatur- und Baukunst. Mehr als 100 Meister wirkten an Kirchen und Schlössern in Bayern, Schwaben und darüber hinaus in ganz Europa. Heute lebt noch der künstlerische Geist in zahllosen Barock- und Rokokoschöpfungen fort, das Kloster selbst ist seit der Säkularisation ein Torso und knüpft mit spärlichen Relikten an die einstige Glanzzeit an: Romanischer Wehrturm aus dem 13. Jahrhundert,

der »Graue Herzog« genannt; Pfarrkirche St. Johannes mit schönem Stuck und kostbarer Ausstattung; Gäste- oder Fürstenbau mit prächtig stuckierten Treppenhäusern, Korridoren und dem festlichen Tassilosaal; Wezzo-Brunnen und siebenhundertjährige Tassilo-Linde.

Man verläßt das weiträumige Kloster- und Dorfrevier, fährt auf der langen Geraden abwärts bis Zellsee, biegt dort rechts ab und findet bei **Paterzell** eine botanische Rarität: Den unter Naturschutz stehenden *Eibenwald* mit 3000 mehrhundertjährigen Exemplaren der kleinen, seltenen Nadelbaumart. Südwestlich von Zellsee und Eibenwald versteckt sich auf einem Hochplateau mit herrlicher Aussicht die *Wallfahrtskirche St. Leonhard im Forst*, deren schöne Ausstattung

Mit Stuck verziert: Die Rathausfassade in Landsberg.

einen Besuch lohnt. Danach leiten verspielt angelegte Wege, bald mit hübschen Blicken über das Vorallgäu, bald durch tiefdunkle Nadelwälder, zum Lechtal hinüber.

Es überrascht, hier mitten in der mit Kirchen und Klöstern gesegneten, liebenswürdig-heiteren Landschaft des Pfaffenwinkels auf ein Städtchen wie **Schongau** zu treffen. Martialisch, mauerumringt, wehrhaft auf einen freistehenden Felshügel gebaut, fast an Rothenburg erinnernd. Im 13. Jahrhundert wurde der Markt des benachbarten Altenstadt auf den damals allseitig vom Lech umflossenen Hügel verlegt und befestigt. Als Stapelplatz an der Via Claudia Augusta war der Aufstieg vorbestimmt. Große Teile der *Stadtbefestigung* mit Wehrgang, Toren und Türmen (Maxtor, Frauentor, Polizeidienerturm) sind noch erhalten geblieben und ermöglichen einen herrlichen einstündigen Rundgang.

Schongaus geschichtliche Vorgängersiedlung ist das nordwestlich benachbarte, heute fast zum Vorort gewordene **Altenstadt**. Dessen historische Bedeutung wird eindringlich dokumentiert durch die *Basilika St. Michael*, ein Bauwerk von ungeheurer Kraft und Wucht, die mit ihren mächtigen Quadertürmen gleichsam ein steingewordenes Stück Mittelalter verkörpert. Die Kirche, um 1220 entstanden, zählt zu den bedeutendsten romanischen Bauten Bayerns. Im hochräumig-hallenartigen, fast schmucklosen Innern wird der Blick gefangen von dem übergroßen romanischen Kruzifix im Chor, als »Großer Gott von Altenstadt« bekannt.

Um den Verlauf der Route abzurunden, folgt anschließend ein kleiner Bogen in das schwäbisch geprägte Allgäu. Man fährt von Altenstadt südwestwärts über **Burggen** (Stephanskirche aus dem 18. Jahrhundert mit romanischem Turm; westlich Annenkapelle mit bemerkenswerter Kassettendecke) nach **Bernbeuren**, wo die kunstreich ausgestattete *Pfarrkirche St. Nikolaus* zum Besuch anregt.

Vier Kilometer westlich von Bernbeuren führt die Straße auf den 1055 Meter hohen, inselartig aufragenden **Auerberg**, der Spuren von keltischen wie römischen Befestigungen aufweist. Von der *Kirche St. Georg* genießt man einen umfassenden Rundblick. In **Lechbruck** erfreut das variantenreiche Ortsbild und beeindruckt die vorzügliche, klassizistisch-barocke *Pfarrkirche*.

Anschließend folgt ein Wegstück für Augenmenschen: Man biegt in Lechbruck unmittelbar westlich der Lechbrücke nach Süden ab. Auf dem Sträßchen über dem Westufer des Lech öffnen sich einzigartige Panoramen über das Füssener Seenland und zu den Ammergauer und Tannheimer Alpen. Kurz vor Roßhaupten schwenkt man über die Brücke links, fährt über Kniebis nach Buching und weiter nach Schwangau. Damit ist zwar die Grenze von Oberbayern nach Schwaben knapp überschritten, doch das anvisierte Reise-

Anmutiger Mittelpunkt des Landsberger Marktplatzes ist der 1783 gesetzte Brunnen mit Mariensäule.

ziel sollte diesen Ausbruch rechtfertigen: Die Königsschlösser *Neuschwanstein* und *Hohenschwangau*. Schloß Neuschwanstein, das berühmteste Erbe des Bayernkönigs Ludwig II., ist wesensmäßig so innig mit dem oberbayerischen König-Ludwig-Land verbunden, daß es auf einer Rundfahrt nicht fehlen darf.

Die Königsschlösser, beide sehenswert, bedürfen keiner Werbung. Wer den Besucherrummel (mit oft langen Wartezeiten) scheut, kann auch auf den reichlich vorhandenen Promenade- und Wanderwegen der engeren Umgebung (Alpsee, Pöllatschlucht, Tegelberg) prächtige Eindrücke von den Schlössern und ihrer großartigen landschaftlichen Lage gewinnen.

Neuschwanstein ist der südwestlichste Punkt dieser Route. Danach geht der Weg zurück auf der B 17, der Romantischen Straße, lange Zeit begleitet vom Panorama der rechter Hand aufgebauten

Ammergauer Alpen, dem größten Naturschutzgebiet Deutschlands. Obligate Station ist, wieder in Oberbayern, das stattliche Dorf **Steingaden** im Lechtal, beherrschender Mittelpunkt die 1147 gegründete *Kirche* des ehemaligen Prämonstratenserklosters. Der mächtige, geschlossene Baukörper, das gewichtige Turmpaar und der romanische Kreuzgang verkörpern hohes Mittelalter; das Innere der Basilika St. Johannes jedoch ist ein Beispiel schönster Barock- und Rokokoausstattung. Drei Kilometer nördlich liegt am Rand der B 17 beim Weiler **Ilgen** die kleine, künstlerisch beeindruckende Wallfahrtskirche *Mariä Heimsuchung*.

Das berühmteste Ziel im Pfaffenwinkel ist die in einem stillen Winkel vor den Trauchgauer Bergen gelegene **Wieskirche**, die nach jahrelangen Restaurierungsarbeiten jetzt wieder zugänglich ist. Die Wallfahrtskirche, 1746 bis 1754 von den Brüdern Dominikus und Johann Baptist Zim-

Beliebtes Ziel: Die Ausflugskapelle bei Degerndorf.

mermann erbaut und ausgestattet, gilt als die vollkommenste Schöpfung des bayerischen Rokoko, in der Architektur, Stukkatur, Malerei und Plastik zum festlichen Gesamtkunstwerk zusammenklingen.

Die Kunstreise wird durch reizvolle landschaftliche Akzente gewürzt: Den romantischen *Schwaigsee* bei **Wildsteig** mit seiner pastoralen voralpinen Umgebung und die fast 80 Meter tief eingeschnittene *Ammerschlucht*, elegant überspannt von der Echelsbacher Brücke.

Wenig später präsentiert **Rottenbuch** einen neuen Höhepunkt: Die *Klosterkirche* des ehemaligen Augustiner-Chorherrenstifts. Das 1073 gegründete Kloster, eines der bedeutendsten und reichsten im Oberland, ist nach der Säkularisation weitgehend verfallen. Unversehrt erhalten blieb die *Kirche Mariä Geburt*. Ursprünglich eine gotische Basilika aus dem 15. Jahrhundert, wurde sie um 1740 von Wessobrunner Künstlern in eine festlich-beschwingte Barockkirche mit zahlreichen zauberhaften Details verwandelt.

Landschaftlich dramatisch ist die Talfahrt von Rottenbuch in den Ammergrund, einsam und urtümlich der Weg auf dem folgenden Abschnitt

nach **Peißenberg**, wo uns weniger der ausgedehnte, gewerbereiche Ort als der nahe, knapp 1000 Meter hohe Aussichtsberg anzieht.

Über **Hohenpeißenberg** verläuft die Straße bis zur Höhe der Kuppe, die sich inselartig aus dem sanft geformten Weilheimer Hügelland erhebt. Oben steht die *Pfarrkirche Mariä Himmelfahrt*, eine beliebte Wallfahrt, mit sehenswertem Hochaltar und der angeschlossenen Gnadenkapelle im reinsten Rokoko. Auf der Plattform vor der Kirche liegt dem Besucher der ganze Pfaffenwinkel zu Füßen, dazu im Süden die Gebirgskette von Salzburg bis zum Allgäu. Bei klarem Wetter kann der eifrige Späher insgesamt neun Seen entdecken. Bei der Abfahrt nach Peißenberg verdient die versteckt am Südosthang des Berges gelegene *Kapelle St. Georg*, ein Kleinod aus dem 12. Jahrhundert mit bedeutendem Freskenzyklus, einen Besuch.

Ein unverzichtbares Ziel abseits der Straße von Peißenberg nach Weilheim ist das altersgreise Klosterdorf **Polling**. Zur Geschichte von Kloster und Kirche haben Fachleute viel zu erzählen. Der Laie begnügt sich zumeist mit dem Besuch der reich ausgestatteten *Kirche*, in der das mit Pferdehaut bespannte »Tassilokreuz« bewahrt wird. Im übrigen begeistert jeden Besucher das altbayerisch-urige Beieinander von Kloster, Kirche, Bräuwirtschaft, Biergarten, Friedhof, Schule und Kramer samt Maibaum und Dorfbach.

In der Stadt **Weilheim** steckt mehr künstlerische Tradition, als bei flüchtigem Augenschein offenbar wird. Am Siedlungsgefüge erkennt man die Grundstuktur der mauerumgürteten mittelalterlichen Stadt, ein Quadrat, dessen Mittelpunkt der (gottlob jetzt verkehrsfreie) *Marienplatz* mit der stattlichen *Pfarrkirche* (1624–1631) ist. Dank seiner günstigen Lage im Zentrum des Pfaffenwinkels – ein knappes Dutzend Klöster im Umkreis von 20 Kilometern – wurde Weilheim im 17. Jahrhundert zu einem handwerklich-künstlerischen Zentrum der Bildhauer und Bildschnitzer, deren Wirken über den Heimatkreis hinaus bis München und Augsburg reichte und sogar in Florenz, Pisa, Antwerpen und Stockholm durch Kunstwerke belegt ist. Die Kunst der Weilheimer Bildhauer wird im *Stadtmuseum* (Altes Rathaus, Marienplatz) anschaulich dokumentiert.

Vom Dorf Wielenbach nördlich von Weilheim führt ein winziges Sträßchen westwärts über die Bahn und an dieser entlang zur *Erdfunkstelle Raisting*, deren riesige Parabolantennen wie futuristische Fremdkörper in der Moorwiesenebene emporragen. Von ganz anderer Wesensart ist wenig

später das *Marienmünster* in **Dießen** hoch über dem Ammersee, das nach umfassender Renovierung und dem Neubau des barocken Turmes im schönsten Glanz erstrahlt. Nach Vorgängerbauten von 1732 bis 1739 durch Johann Michael Fischer errichtet und von den namhaftesten Künstlern jener Zeit ausgestattet, gilt das Marienmünster als eine der künstlerisch bedeutendsten Barockkirchen Oberbayerns. Die volkstümlichste und beliebteste ist nicht weit: Sie thront gegenüber hoch über dem Ostufer des Ammersees: **Andechs**. Den Weg dorthin beschreibt unsere Route mit einem lohnenden Bogen zum Westufer des Starnberger Sees. Man fährt von Dießen durch das Ampermoor südostwärts über Fischen nach **Pähl** (romantisch gelegenes Schloß von 1885) und erreicht beim Hirschberg (schöne Aussicht) die B 2. Auf dieser in Richtung Starnberg und nach zwei Kilometer, dem Wegweiser Monatshausen folgend, geht es dann rechts ab. Am Ortsbeginn von Monatshausen biegt man links ab und erreicht auf einsamer Waldstraße die 728 Meter hohe *Ilkahöhe*, eine prächtige Schautribüne über dem Starnberger See, nebst Kirche, Gutshöfen und nobler Einkehr ein beliebtes Ausflugs- und Wanderziel. Problemlos rollt danach das Fahrzeug nach **Tutzing** zum Seeufer hinunter. Im touristisch geprägten, vornehmen Villenvorort Münchens sind ursprüngliche Veduten wenig gefragt; die findet man eher im fünf Kilometer entfernten Uferort **Bernried**, das zuweilen – etwas überschwenglich – sogar das schönste Dorf Bayerns genannt wird. Immerhin besticht es

Kunstvoller Erker am Obermayer-Haus in Starnberg.

durch wunderschöne alte Holzhäuser im Ortskern, zwei erlesen ausgestattete *Kirchen* (Pfarrkirche St. Martin um Kloster, Hofmarkskirche in schönstem ländlichen Barock) sowie lauschige, naturnahe Winkel im Kloster und Seeufer.

Anschließend führt die Route am Westufer des Starnberger Sees entlang nordwärts über Tutzing nach Garatshausen, wo links die Straße über Traubing mit seiner sehenswerten Kirche und Machtlfing nach Erling-Andechs führt.

In Andechs, dem burgähnlich auf eine Hügelkuppe gebauten *Benediktinerkloster*, weithin als »Heiliger Berg« bekannt, klingen mancherlei Akzente zusammen, wie sie in solcher Mischung nur in Bayern möglich sind: Religiöse Erbauung, gläubiges Wallfahren, erhebender Kunstgenuß, irdischdeftige Stärkung im klostereigenen Biergarten, sogar Ausflugsherdentrieb.

Vorgängerbau des Klosters war die Burg der mächtigen Grafen von Dießen-Andechs. Deren Geschlecht ist längst erloschen. Der heutige Baukomplex von Kloster und Kirche stammt aus dem frühen 15. Jahrhundert und wurde später mehrfach umgestaltet. Die *Wallfahrtskirche Mariä Verkündigung* ist überreich dekoriert und ausgestattet; aus der Fülle der Kunstwerke ist allenfalls der zweigeschossige Hochaltar als Besonderheit herauszustellen. Im Wachsgewölbe werden etwa 250 übergroße Votivkerzen aufbewahrt, deren älteste aus dem Jahr 1594 stammt.

Mit dem Besuch von Andechs schließt die Reihe der berühmten Kunststätten im südwestlichen Oberbayern. Was noch folgt, ist ein beschaulicher Ausklang, der den Charakter des Fünfseenlandes, bestehend aus Starnberger See, Ammersee, Wörthsee, Pilsensee und Weßlinger See, veranschaulicht.

Der Weg führt im weiteren Verlauf von Erling-Andechs nach **Herrsching** hinunter, dem zersiedelten und betont touristisch geprägten Hauptort am Ammersee mit seiner zehn Kilometer langen Seepromenade und einem kleinen Kurparkschlößchen. Nordöstlich von Herrsching berührt man das Ufer des kleinen *Pilsensees*, der in früher Zeit über das heutige Herrschinger Moos hinweg mit dem Ammersee verbunden war.

Am Nordostende des Sees, über dem Ort **Seefeld**, erhebt sich das martialisch-urtümliche *Schloß Seefeld*, dessen Ursprung in das 12. Jahrhundert zurückreicht. Der burgähnliche Baukomplex, seit 1472 im Besitz der Grafen Törring, ist von einem wunderschönen Park mit uralten Baumriesen umgeben. 1756 ließ der Burgherr die drei Kilo-

meter lange Eichenallee entlang der Straße nach Weßling anlegen; sie gilt als die schönste und längste in Bayern.

Von Seefeld verläuft der Weg am Nordufer des Pilsensees vorbei und über Hechendorf an den **Wörthsee** (Insel Wörth mit Jagdschlößchen aus dem 15. Jahrhundert). Auf beschaulichen Wegen umfährt man bogenförmig das Südwestufer des Wörthsees. In **Inning** am Nordostrand des Ammersees angelangt, schließt sich der Ring der Rundreise mit der kunstreich ausgestatteten Dorfkirche *St. Johann Baptist*.

Blick von der Ilkahöhe über den mit Segelbooten übersäten Starnberger See zu den Bayerischen Alpen.

Starnberger See – Land um Isar und Loisach – Werdenfels – Ammergau

Auf die Frage, welcher der sechs Routenvorschläge die Vielfalt Oberbayerns am besten vermittle, fiele die Wahl wohl auf dieser Rundreise. Er erschließt, Auslassungen zugegeben, die meisten der berühmten Reisestationen in geraffter Form. Die Fahrt beginnt am ältesten Siedlungspunkt im Raum München, in **Gauting**. Hier, im Südwesten der Landeshauptstadt, überquerte einst die Römerstraße Salzburg–Augsburg die Würm; die nahe Reismühle gilt der Sage nach sogar als Geburtsort Karls des Großen. Man findet vorzeitliche Hügelgräber und das Teilstück einer römischen Legionsstraße. Zeitlich näher liegt uns die *Frauenkirche* (15. Jahrhundert) mit ihrer schönen

Ausstattung. Südlich des Orts wandelt sich der sachlich-nüchterne Siedlungsraum überraschend schnell zur lauschig-intimen, mit Bäumen überdachten Flußtalidylle, Mühltal genannt. Mittendrin **Leutstetten**, ein heimeliges altes Dorf mit einer kleinen spätgotischen Kirche, um das *Wittelsbacherschloß* gebaut.

Der **Starnberger See**, mit 57 Quadratkilometer Fläche zweitgrößter See Oberbayerns, übte von jeher große Anziehungskraft auf Könige und Prinzen, Künstler und Gelehrte aus, die seine Ufer reich mit Schlössern und Villen schmückten. Heute ist er Hauptausflugs- und Badeziel der Region München. Im Nordwesten bei Possenhofen und im Südosten bei Ambach kaufte die Stadt München große Ufergebiete auf und gestaltete diese als öffentliche Erholungsräume. Der Reiseweg führt zunächst über **Starnberg** (Schloß; Alte Pfarrkirche St. Joseph, eine der schönsten Landkirchen Oberbayerns; Heimatmuseum; Seepromenade) zum Nordostufer nach **Berg** (Wittelsbacherschloß, Gedächtniskapelle für König Ludwig II.), wo das Schloßhotel mit Uferterrasse zur Einkehr lockt. Dann führt die Route vom Uferweg ostwärts über **Aufkirchen** (stattliche Wallfahrtskirche) und **Farchach** (schön ausgestattete Kapelle) nach **Mörlbach**, dessen *Kirchlein St. Stephan* mit seinen figurenreichen Altären zum erklärten Ziel vieler Kunstfreunde wurde.

Die Herzogstandgruppe thront hinter dem Kochelsee.

Jenseits der Autobahn erreicht man *Kloster Schäftlarn*, eine der schönsten Spätrokokoanlagen Bayerns, beherrschend im Isartal gelegen und mit Biergarten und Klosterbräustüberl traditionelles Münchner Ausflugsziel. Ein besonderer Hinweis gilt der festlich-höfischen *Klosterkirche*, an deren Bau und Gestaltung die namhaftesten Künstler aus der Mitte des 18. Jahrhunderts mitwirkten. Das Städtchen **Wolfratshausen** erwuchs aus einem typisch bayerischen Markt mit Zollstätte, eingeklemmt zwischen Burgberg und Loisach. In der dominierenden Straßenzeile stehen noch ansehnliche Bürgerhäuser des Isarwinkler Typus; die an den Burghang geschmiegte *Pfarrkirche St. Andreas* ist spätgotischen Ursprungs (1484) und wurde im 17. Jahrhundert barockisiert.

Westlich der windungsreichen Loisach führt der Weg auf Nebenstraßen südwärts. In der Landschaft wechseln beschauliche Bilder einander ab: Waldstücke, Moore, Weidengebüsche und satte Wiesen. Hoch über dem Loisachufer erhebt sich die Ruine des 1976 ausgebrannten *Renaissanceschlosses Eurasburg*, wenig später folgt das ehemalige *Augustinerchorherrenstift Beuerberg*, eine imposante, talbeherrschende Anlage. Die Stiftskirche, eine Schöpfung des frühen Barock, beeindruckt durch ihre breitlagernde Räumlichkeit, den schweren Stuck und den prächtigen, blickanziehenden Hochaltar.

Zielstrebig durchqueren wir nun den **Königsdorfer Filz**, den Rest des weitgespannten Loisachmoores. Eine melancholisch-malerische Landschaft mit dunklen Sumpfwiesen und weißleuchtendem Birkengestrüpp; überraschend und fremdartig für den unkundigen Besucher, dem Kenner und Naturfreund als typisch oberbayerisch durchaus vertraut.

Über dem Ostrand des Loisach-Urstromtales liegt **Königsdorf**, einer der ältesten Orte des Gaues, dessen mächtige Pfarrkirche weithin den Blick fesselt. *St. Laurentius* war bis in das 16. Jahrhundert die Mutterkirche des Isarwinkels. Der spätgotische Bau wurde im frühklassizistischen Stil umgestaltet und ist mit beschwingtem Rokokostuck ausgeschmückt.

Bald darauf zieht die Silhouette der stolzen Doppeltürme von Benediktbeuern den Reisenden so magnetisch an, daß er ein anderes Kleinod zu übersehen droht: *St. Georg* in **Bichl**, eine der schönsten Landkirchen des bayerischen Rokoko, mit vollendet harmonischen Raumproportionen und einer sorgfältig gearbeiteten Schnitzgruppe des heiligen Georg.

Benediktbeuern, effektvoll in der Ebene zu Füßen der Benediktenwand gelegen, ist ein ganzes Klosterreich. Es imponiert auf Anhieb durch die Weitläufigkeit seiner Anlage. Um 750 vom bairischen uralten Adelsgeschlecht der Huosi gegründet, war es Jahrhunderte hindurch Lehrstätte und Hort von Kultur und Wissenschaft. Die heutige Gestalt stammt überwiegend aus dem 17. und 18. Jahrhundert. Die Anlage gruppiert sich um zwei Höfe, von denen besonders der festlich-weiträumige, arkadenumgebene Westhof beeindruckt. Er umschließt neben den Gebäudetrakten auch Westfassade und Haupteingang der zweitürmigen Klosterkirche.

Ein kleiner, lohnender Umweg führt westwärts über **Sindelsdorf**, wo der Maler Franz Marc lebte, und parallel zur Autobahn nach **Großweil**. In idealer, aussichtsreicher Berghanglage zwischen Loisachtal und Kochelsee liegt das *Oberbayerische Freilichtmuseum* an der Glentleiten, ein 25 Hektar großes Gelände mit derzeit etwa 30 ländlichen Einzelgebäuden aus vorindustrieller Zeit, die aus den verschiedenen Regionen Oberbayerns hierher übertragen wurden.

Aus den Niederungen des Kochelseemoores erhebt sich markant die Silhouette von *Kloster Schlehdorf* mit seinem Turmpaar. Das ehemalige Augustinerchorherrenstift St. Tertulin wurde schon im 8. Jahrhundert gegründet und war, wie Benediktbeuern und Kochel, eine der letzten Pilgerstationen vor dem damals undurchdringlichen Scharnitzer Urwald. Der heutige, streng-

Idyllisch gelegen: Der Schmalensee bei Mittenwald.

sachliche Baukomplex entstand von 1727 bis 1780 in der Übergangszeit vom Rokoko zum Klassizismus. Durch das Moor führt der Weg – zweimal die Loisach überquerend – nach **Kochel**, dem Heimatort des legendären Volkshelden »Schmied von Kochel«. Im Kern des ansonsten touristisch geprägten Dorfes gefällt die alte, gepflegte Baugruppe rund um die sehenswerte *Kirche*. Ein Hinweis gilt dem etwas abseits gelegenen *Franz-Marc-Museum* sowie dem Bade- und Freizeitzentrum

chensee, berg- und waldumrahmt, mit nordisch-kühler Erhabenheit. Ungewöhnlich reizvoll ist die Straße in den Fels des Nordwestufers gebaut, tangiert erst das kleine **Urfeld**, wo Lovis Corinth (1858–1925) eine ganze Reihe seiner berühmtesten Gemälde schuf. In einer Schwemmlandnische liegt der Ort **Walchensee**, von dem eine Gondelbahn in die Gipfelzone des 1731 Meter hohen Herzogstand führt. In der betont alpinen Landschaft rings um den See gibt es keine voluminösen Bauwerke; das stattlich-festliche Format der Klöster im Vorland reduziert sich hier zum idyllisch-anmutigen Bergkirchleinidyll: So *St. Jakob* in **Walchensee**, *St. Margareth* und *Klösterl St. Anna* auf der benachbarten Halbinsel **Zwergern**. Von Einsiedl am Südwestende des Walchensees führt ein lohnender Abstecher auf mautpflichtiger Forststraße (9,5 km) in die **Jachenau**, eine abgeschiedene, ursprüngliche Dorflandschaft abseits der Touristenströme, mit der stimmungsvollen *Kirche St. Nikolaus* und schönen alten Bauernhöfen, vereinzelt mit Lüftlmalerei geschmückt.

Bei Wallgau öffnet sich die Landschaft zum weiten Talboden, umkränzt und überragt vom schroffen Felsgestein des Karwendel- und Wettersteingebirges. Schnell erreicht man **Mittenwald**, einen der schönsten bayerischen Gebirgsorte mit uralter Tradition: Station an der Römerstraße Verona – Augsburg, venezianischer Handelsmarkt, Startpunkt der Isarflößerei, schließlich bis heute Heimstätte der Geigenbaukunst. Sehenswert sind die *Pfarrkirche St. Peter und Paul* mit ihrem bemalten Turm, die spätgotische *Friedhofskirche St. Niko-*

Straßenbild in Garmisch-Partenkirchen mit St. Martin.

laus, das *Geigenbau- und Heimatmuseum* sowie zahlreiche Häuser des 18. Jahrhunderts mit eigenwilliger Giebelarchitektur und Fassadenmalerei. Vom Ort führen Bergbahnen auf die hochalpine westliche Karwendelspitze (2385 m) und den rundbuckeligen, an Wanderwegen reichen Hohen Kranzberg (1391 m).

Der Weg von Mittenwald nach Garmisch verläuft, zumal auf der alten Straße über Schmalensee und Klais (mit möglichem Abstecher nach Schloß Elmau), durch eine oberbayerische Bilderbuchlandschaft. **Garmisch-Partenkirchen** bedarf keiner Empfehlung. Der führende deutsche Fremdenverkehr- und Olympiaort 1936 besetzt anspruchsvoll den großen, von Wank, Alpspitze, Waxenstein und Kramer umschlossenen Talboden. Das betriebsam städtische Ambiente wird durch die einzigartige Umgebung gemildert: Die Wildbachschluchten von *Höllental- und Partnachklamm*, einige Winkel im alten Partenkirchen und im Gartendorf Grainau, die malerischen Veduten des Pfleger-, Bader-, Rießer- und Eibsees, die zahllosen herrlichen Wanderwege, schließlich den Gipfel der Zugspitze, die mit 2963 Metern Deutschlands höchster Berg ist.

Der Abschied von der schillernden, facettenreichen Werdenfelser Szene fällt schwer; ungemütlich wird er zudem auf dem Gedränge der nach Norden zur Münchner Autobahn führenden B 2. Gemach, schon in Oberau schert man links aus, erklimmt auf zügigen Kehren den Ettaler Berg. Gleich darauf öffnet sich ein neuer oberbayeri-

Trimini. Im übrigen beherrschen um Kochel und seinen See die mächtig ansteigenden Berge – hier Herzogstand, Heimgarten und Jochberg – das Bild der Landschaft. Mit einer eleganten Kehrenfolge erklimmt die Kesselbergstraße die 200 Meter Höhendifferenz zwischen Kochel- und Walchensee; eine Spanne, die seit 70 Jahren das Walchenseekraftwerk zur Gewinnung elektrischer Energie nutzt. Auf den stellenweise südlich-romantisch verklärten Kochelsee folgt der Wal

Stattliche Bauernhäuser in Garmisch-Partenkirchen

Kaffeepause am sonnigen Ufer des Tegernsees.

sches Landschaftskästchen: Der Ammergau mit den Ammergauer Alpen. Monumentales, unübersehbares Entree ist *Kloster Ettal*. Kaiser Ludwig der Bayer gründete es 1330. Die heutige Gestalt des Marienmünsters mit der 68 Meter hohen Kuppel stammt überwiegend aus dem 18. Jahrhundert.

Kurz hinter Ettal steht die nächste obligate Station auf dem Programm. Mit einem kleinen Abstecher in das bergwaldumschlossene Graswangtal erreicht man das *Königsschloß Linderhof*, bezaubernd in einen Park komponiert. Ludwig II. ließ es 1874 bis 1878 erbauen; es ist der einzige vollendete Schloßbau des »Märchenkönigs«.

Wenig später ist man in **Oberammergau**, weltbekannt durch Passionsspiele und Holzschnitzkunst. Der Ortskern, durch eine Umgehungsstraße vom Durchgangsverkehr befreit, bewahrt zahlreiche Fassaden mit Lüftlmalerei (Pilatushaus, Forsthaus, Geroldhaus), die vornehmlich von dem bekannten, hier einheimischen Franz S. Zwinck geschmückt wurden.

Murnau liegt ideal: Auf einem Moränenhügel zwischen Staffelsee und Riegsee, am erhöhten Nordrand des der Alpenkette vorgelagerten Murnauer Mooses. Schon im Mittelalter war hier ein wichtiger Handelsplatz an der Straße Augsburg–Brenner. Die herrschaftlichen, farbig verputzten Bürgerhäuser der Hauptstraße künden noch heute von Bedeutung und Wohlstand. Die *Pfarrkirche St. Nikolaus* zählt mit ihrer Architektur und der erlesenen Rokokoausstattung zu den schönsten Kirchen der Region. Ein nicht minder schönes Kleinod ist das Ramsachkirchlein im Südwesten des Ortes. Murnau genießt zudem Bedeutung in

der Kunstszene. Hier lebten und malten Gabriele Münter (1877–1962) und Wassily Kandinsky (1866–1944); ihr Schaffen wird im *Münter-Haus*, Kottmüller Allee 6, geschmackvoll veranschaulicht. Im *Murnauer Schloß* ist außerdem ein Museum im Aufbau; Hauptthemen sind Hinterglasmalerei und die Künstlergruppe »Der Blaue Reiter«.

In **Habach** empfiehlt sich ein Besuch in der ehemaligen *Stiftskirche St. Ulrich*, einem geräumigen Wandpfeilerbau mit reichem Miesbacher Stuck. Danach geht die Fahrt auf Nebenstraßen nordwärts, führt über Antdorf nach Iffeldorf, wo sich die Tür zu einer weiteren eigenen Landschaft öffnet: Zum Gebiet der Osterseen, eine verträumte Moor- und Waldlandschaft mit zwei Dutzend versteckter Tümpel, Weiher und Seen.

Eine Kostprobe vermittelt der Blick von der Kirche in **Iffeldorf**; lohnend erkunden läßt sich das unter Naturschutz stehende Gebiet nur auf den zahlreichen Wanderwegen. Die Iffeldorfer *Kirche St. Veit* überrascht mit ihrem grazilen Wessobrunner Stuck in feinster farblicher Abstimmung. Ein sehr stimmungsvolles Kleinod auf einem Hügel am östlichen Ortsrand von Iffeldorf ist das Wallfahrtskirchlein *Maria im Heuwinkl*. Wenig später ist man in **Seeshaupt** an der großen Südbucht des Starnberger Sees. Der stattliche Ort ist zwar touristisch geprägt; zwischen noblen Landvillen entdeckt man aber noch viel ländliches Kolorit. Schließlich gilt es zu entscheiden, ob man für das letzte Stück des Weges das Ost- oder das Westufer des Starnberger Sees wählt; reizvoll ist jede Seite. Weil Teile des Westufers bereits in der vorhergehenden Route erscheinen, wählen wir hier die Ostvariante. Sie führt um die weitgespannte, moorig-schilfige Südostbucht nach St. Heinrich, das aus der Einsiedlerklause eines Andechser Grafen erwuchs. Nördlich schließt sich das umfangreiche Ambacher Freizeit- und Badegelände an. Lohnend ist ein kurzer Abstecher nach **Holzhausen**, wo auf einem Uferhügel über dem Dorf die *Wallfahrtskirche St. Georg* thront, beschattet von einer »tausendjährigen« Linde. Von hier geht der Blick über den See bis zur Alpenkette.

Mangfalltal – Tölzer Land – Tegernseer und Schlierseer Berge

Die Ausfahrt Weyarn der Autobahn München–Salzburg ist Start- und Zielpunkt dieser Rundreise. Über dem tief eingeschnittenen, laubwaldbestandenen Mangfalltal beginnt die Exkursion mit einem künstlerischen Juwel: Die äußerlich schlichte *Pfarrkirche* von **Weyarn** überrascht im Innern mit einer geradezu festlichen Ausstattung. Neben grazilen Stukkaturen und schönen Deckenfresken bilden ihren erlesensten Schmuck sieben Werke des berühmten bayerischen Rokokobildhauers Ignaz Günther (1725–1775). Danach taucht die Route unter der Autobahn auf die Sohle des Mangfalltals hinunter, windet sich durch die ebene bis sanftgeformte bäuerliche Voralpenlandschaft westwärts über Holzkirchen nach **Dietramszell**, wo sich *Kloster* und Ausflugswirtschaft zum typisch altbayerischen Bilderbuchmotiv gruppieren.

Mit bunten Krokussen sind im Frühling die Bergwiesen vor der verschneiten Kulisse des Karwendelgebirges übersät.

Nur ein paar Minuten sind es zum nächsten Ziel: Auf einem Hügel über dem immer noch idyllischen **Kirchsee** mit seinen Mooruferwiesen erhebt sich blickbeherrschend *Kloster Reutberg*, mit lauschigem Biergarten und herrlicher Alpensicht eines der volkstümlichsten oberbayerischen Ausflugsziele. Die Kirche aus dem Jahr 1733 ging aus einer Loretokapelle hervor, die noch heute den Altarraum bildet. Besonderheiten sind die alte Klosterapotheke aus dem 17. Jahrhundert (in der Klausur) und die auf Bestellung erwerbbaren »Fatschnkindl«: Das sind Wachschristkindl in seidiger Wickelumhüllung. In **Reichersbeuern** steht das trutzige, dreitürmige *Schloß Sigriz* (16./18. Jahrhundert), das heute ein Erziehungsheim beherbergt.

Bad Tölz ist gleichsam ein Stück kerniges Bayerntum zum Anfassen. Das »Bad«, den neuzeitlichen Stadtteil links der Isar, kann man dabei getrost vergessen, denn Oberbayern spielt sich östlich der Isar ab. Dort, wo die breite, platzartige Marktstraße den Berg hinaufzieht, rollten schon die Römerwagen, von Salzburg kommend, auf die Isarbrücke zu und weiter nach Augsburg. Heute präsentiert sich die Straße, aus der glücklicherweise der Verkehr verbannt wurde, mit ihren freskengeschmückten, von weit vorgezogenen Giebeln überdachten Häuserzeilen als eines der reizvollsten Stadtbilder Oberbayerns. Von der dominierenden Marktstraße zweigt ein Gewirr winkeliger Gassen von spitzwegartigem Gepräge ab, wo man auf Schritt und Tritt viele liebenswürdige Details entdecken kann. Neben zahlreichen schönen Patrizierhäusern am Markt verdienen die *Kirchen Mariä Himmelfahrt* und *Maria Hilf* (Mühlfeldkirche) sowie das *Heimathaus* mit dem reichhaltigen Heimatmuseum einen Besuch. Knapp westlich der Stadt erschließt an der B 472 eine Sesselbahn den Tölzer Hausberg, den 1248 Meter hohen Blomberg (Wander- und Skigelände, vier Kilometer lange Sommerrodelbahn).

Vorbei an der Lände, Jahrhunderte hindurch Startplatz der Isarflößerei, geht die Fahrt flußaufwärts nach Lenggries im Isarwinkel – ein Klacks auf der Schnellstraße, eine umständlich-verspielte Autowanderung längs des Westufers über Wackersberg und Arzbach. **Lenggries** hat außer seiner malerischen Lage im bergumrahmten Isartal und dem behaglich-stattlichen Ortscharakter auch kulturell Sehenswertes zu bieten: Die *Pfarrkirche St. Jakob*, ein großzügiger Hallenbau mit klassizistischen Stileinflüssen; im Südosten des Orts der *Kalvarienberg* mit der stimmungsvollen,

Der Mittenwalder Klettersteig führt hinauf in die hochalpinen Regionen des Wettersteingebirges.

durch Stationskapellen unterteilten »Heiligen Stiege«; unweit davon das klobige *Schloß Hohenburg* (1707–1714), heute eine Klosterschule. Im Mittelpunkt des Interesses steht aber das Brauneck, zusammen mit der westlich daran anschließenden Benediktenwand eine isoliert stehende Gruppe von Gras- und Felsgipfeln, die trotz der Vorgebirgshöhe von 1500 bis 1800 Meter schon klassisches alpines Landschaftstheater bietet. Eine Gondelbahn erschließt den östlichen Eckpfeiler des Bergblocks, der daran anschließend ein ausgedehntes Wander- und Skipistengelände einschließlich diverser Zwischenlifte und Einkehrstationen bereithält.

Stiller wird es am Oberlauf der Isar. Nach zehn Kilometern greift der **Sylvensteinsee** mit seinen fjordartigen Armen tief in die einsamen Bergwaldtäler. In dem 1953 bis 1955 durch den Stau der Isar angelegten See versank das durch Ludwig Ganghofers Heimatroman »Der Jäger von Fall« bekannte Dorf Fall. Eine elegant geschwungene Brücke überspannt die Seentaille. Die Straße führt, die neue Forstsiedlung Fall berührend, weiter das Isartal hinauf. Der Fluß hat hier ein seltsames Aussehen, schlängelt sich mit zahlreichen Mäanderrinnsalen durch ein breites Sand- und Geröllbett. Das winzige Vorderriß, im Dorfcharakter schon alpin geprägt, scheint am Ende der

Regelmäßiger Treffpunkt: der Stammtisch.

kulturelles Lehrzentrum Südbayerns war. Von den Wittelsbachern zu Anfang des 19. Jahrhunderts als Feriensitz entdeckt, entwickelte sich das Tegernseer Tal in der Folge zu einem der beliebtesten Ausflugs- und Urlaubziele Deutschlands und zählt heute neben dem Garmischer Talbecken zu den am dichtesten besiedelten Bereichen des oberbayerischen Alpenlandes. Abgesehen von der zuweilen drangvollen Enge in den Uferorten ist der von vielgestaltigen Hügeln und Bergen umrahmte See nach wie vor ein landschaftliches Juwel. Kommt man von Süden, wie auf unserem Weg, lädt bald nach Kreuth die Wallbergbahn mit sympathischen Kleingondeln zur Fahrt auf den 1722 Meter hohen Gipfel ein, der mit einer umfassenden Panoramaschau aufwartet. Danach begegnet man in **Rottach-Egern** manch merkwürdiger Mischung aus alter Bauernkultur und weltstädtischer Noblesse. Besuchen sollte man die spätgotische *Pfarrkirche* über dem Seeufer, auf deren Friedhof sich die Gräber von Ludwig Thoma, Ludwig Ganghofer und Leo Slezak befinden.

Im Ort **Tegernsee**, der sich an Rottach-Egern fast nahtlos anschließt, weist das Turmpaar der ehemaligen *Klosterkirche St. Quirin* den Weg zum Hauptziel, an dem sich *Schloß*, Kirche, Heimatmuseum, Brauhaus, Schloßkeller und Bräustüberl zur urbayerischen Gruppe vereinen. Auf dem folgenden Abschnitt längs des Ostufers erheischt die an der Straße stehende *Kapelle von St. Quirin* eine Pause. Im Innenraum steht der auf ein Quellwunder zurückgehende »Quirinsbrunnen«. Der **Schliersee** ist mehr als nur der kleine »Stiefbruder« des Tegernsees. See und Ort haben noch ihr Eigenleben, sind ländlicher und naturnäher geblieben. Das stattliche Dorf, Stammheimat des traditionsreichen »Schlierseer Bauerntheaters«, entwickelte sich aus einer uralten, schon 779 genannten Siedlung. Sehenswert ist die großräumige *Pfarrkirche St. Sixtus* (reiche Barockausstattung, Stukkaturen und Deckenbilder von Johann Baptist Zimmermann, Gnadenstuhl von Erasmus Grasser, Schutzmantelmadonna von Jan Pollak). Das Ortsbild erfreut mit vielen schmuck- und farbenreichen Häusern, so dem Rathaus und dem Schrödelhaus mit Heimatmuseum.

Unweit des Schliersee-Südufers liegt bei **Fischhausen** ungewöhnlich malerisch die *Wallfahrtskirche St. Leonhard* am Weg. Sie enthält schönen Miesbacher Stuck und drei bemalte Altäre. Wenig später zweigt rechts die Spitzingstraße ab, die in 5,5 Kilometern über den Spitzingsattel (1128 m)

Edelweiß und Gamsbart schmücken die Hüte.

zum Spitzingsee (1085 m) führt. Rings um den malerisch gelegenen See gruppiert sich ein weitgespanntes Wander- und Skigelände, seit alters ein beliebtes Zielgebiet der Tagesausflügler aus München und Oberbayern. **Fischbachau** ist ein stattliches, für sein farbenfreudiges Brauchtum bekanntes Dorf im Leitzachtal. Besondere Bedeutung genießt die *Pfarrkirche St. Martin*. Sie gilt als älteste romanische Kirche Oberbayerns, etwa um 1000 erbaut. Unter dem barocken Stuckkleid ist die ursprüngliche Architektur noch gut erkennbar. Einen Steinwurf weiter versteckt sich im Hochtalwinkel unter dem Breitenstein die doppelstöckige *Wallfahrtskapelle Birkenstein*, nach Altötting die berühmteste Gnadenstätte in Altbayern. Während Lage und Außenansicht ausnehmend stimmungsvoll sind, wird die winzige Gnadenkapelle im Innern von üppigstem Schmuck geradezu erdrückt.

Für den Unkundigen überraschend: Nicht die Zugspitze, sondern der um mehr als 1000 Meter niedrigere Wendelstein ist Oberbayerns Herzens- und Lieblingsberg. Der weithin markante »Zukkerhut« erhielt 1912 die erste deutsche Bergbahn, die noch heute auf der acht Kilometer langen Zahnradschienentrasse zwischen Brannenburg

Welt zu liegen. Ludwig Thoma verlebte hier als Sohn eines Försters seine ersten Kindertage. Eigentlich sollte die Route hier enden – lockte nicht die mautpflichtige Forststraße mit einer der schönsten Ausflugsrouten in das angrenzende Tirol. 29 Kilometer lang ist die Fahrt längs des Rißbaches über Hinterriß (Jagdschloß) und Hagelhütten zum Großen Ahornboden mit den Eng-Almen im Herzen des Karwendelgebirges.

Ob mit oder ohne Tirolabstecher: An der Krone des Sylvensteinstaudamms geht der Weg ostwärts am Seeufer entlang, schlüpft über Kaiserwacht und Achenpaß (941 m) in das Weißachtal hinüber. Der Weiler Glashütte erinnert daran, daß hier einst die Glasschmelze des Klosters Tegernsee stand. Der folgende Talboden der Weißach, parkähnlich aufgebaut und kaum besiedelt, ist von stiller und unaufdringlicher Schönheit. Wildbad Kreuth bleibt rechts liegen; gleich darauf beginnt in Kreuth, wo der »Volksmusikkönig« Kiem Pauli lebte, die touristische Betriebsamkeit des Tegernseeraumes.

Mit der Chronik des Tegernsees und seiner Uferregion wären Seiten zu füllen. Begnügen wir uns damit, daß Kloster Tegernsee, 746 gegründet, die Keimzelle der Besiedelung und 1000 Jahre lang und dem Wendelsteinhaus in Betrieb ist. Ergänzend dazu entstand 1970 eine moderne Kabinenseilbahn, die ab Osterhofen zum gleichen Zielpunkt führt. Vom Wendelsteinhaus (1720 m; Bergbahnstationen, Gaststätte, Hotel) erreicht man auf gesichertem Felstreppensteig in 30 Minuten den 1838 Meter hohen Gipfel, der eine einzigartige Rundsicht über das oberbayerische Alpenland und bis zum Großglockner und zu den Zillertaler Alpen gewährt.

Bayrischzell ist nicht irgendein Bergort, es ist Sinnbild und Modell des oberbayerischen Alpendorfes schlechthin. Aus einer Klostergründung des 11. Jahrhunderts hervorgegangen, liegt es im obersten Talkessel der Leitzach. Es gilt als Hort des oberbayerischen Trachtenwesens, von hier gingen 1883 nachhaltige Impulse zur Pflege von Tracht und Brauchtum aus. Die Bergumrahmung des Orts teilt sich in zwei Bereiche: Im Norden der Wendelstein mit seinen Ausläufern, im Südosten das Sudelfeld, ein weitgespanntes Almgelände mit variantenreichem Skizirkus. Trennlinie und Zubringer der beiden Reviere ist die Sudelfeldbergstraße, ein 12,5 Kilometer langes Teilstück der Deutschen Alpenstraße, das Höhen um 1100 Meter erklimmt und mit begeisternden Panoramen aufwartet.

Am *Tatzelwurm*, einem wildromantischen Waldschluchtwasserfall des Auerbachs (Ausflugsstation, Gasthof), spaltet sich die Sudelfeldstraße in zwei bescheidene Bergsträßlein. Beide führen in das Inntal hinunter, eindeutig lohnender ist die Südvariante nach Oberaudorf. Sie führt durch eine oberbayerische Bilderbuchlandschaft mit vielen urtümlichen Details und bietet zudem faszinierende Ausblicke über das Inntal zum Kaisergebirge. Nach einer Pause in **Oberaudorf** (schönes Ortsbild, Pfarrkirche) empfiehlt sich das nördlich unweit des Innufers gelegene *Kloster Reisach* mit seiner Spätbarockkirche zum Besuch. Das Kloster, zuletzt nur von drei Patres bewohnt und vom Verfall bedroht, wird derzeit zum Kulturzentrum aus- und umgebaut. Sehenswert auch die Kapelle des benachbarten *Schlosses Urfahrn*, ein Juwel spätbarocker Baukunst.

Eilige Reisende streben danach der Autobahn zur Rückfahrt zu, versäumen dabei allerdings einige wunderschöne Entdeckungen. Diese erfährt man auf einer vergnüglichen Runde durch das altbayerische Alpenvorland. In Kutterling bei Bad Feilnbach verbrachte Wilhelm Leibl, der berühmte Maler südbayerischer Menschen und Szenen, seine letzten Schaffensjahre. Im nahen **Wiechs**

In der Chiemgauer Tracht nehmen am Ostermontag die Traunsteiner traditionell am Georgiritt teil.

steht *St. Laurentius*, ein Kirchenjuwel in zarten Formen und Tönen, in **Bad Feilnbach-Lippertskirchen** die bilderreiche, wertvoll ausgestattete *Wallfahrtskirche Maria Morgenstern*. Wenig später kommt man zur *Wallfahrtskirche Wilparting*, die jeder als Blickfang von der Autobahnhöhe Irschenberg schon gesehen und kaum einer aufgesucht hat. Bei Irschenberg schlüpft man unter der Autobahn durch und erreicht vor Bad Aibling in **Berbling** eine der reizvollsten oberbayerischen Rokokokirchen. In dem heiteren, festlichen Kirchenraum malte Wilhelm Leibl vier Sommer lang an seinem Bild »Drei Frauen in der Kirche« (heute Kunsthalle Hamburg). Auf dem weiteren Weg reihen sich lohnende Ziele wie Perlen einer Kette aneinander: Die elegante *Wallfahrtskirche* in **Weihenlinden**; das stattliche *Schloß Maxlrain* nebst einladendem Wirtsgarten; in **Beyharting** die saalartige *Stiftskirche* mit Grabstätten und freskengeschmücktem Kreuzgang; im nahen **Tuntenhausen** die schon von weitem sichtbare *Wallfahrtskirche Mariä Himmelfahrt* mit ihrem eigenwillig gestalteten Turm; westlich davon **Schloß Höhenrain**, seit einiger Zeit als Treffpunkt von Antiquitätensammlern bekannt; schließlich **Kleinhelfendorf** mit der stattlichen *Pfarrkirche*

und der befremdend-realistischen figürlichen Darstellung der Marterszene des heiligen Emmeram in der Kapelle. Als Belohnung für die umfassende Exkursion winkt zum Schluß eine Einkehr im Brauereigasthof **Aying**, eine der renommiertesten Ausflugsadressen Münchens.

Inntal, Chiemsee und Salzachgau

Rosenheim, Ausgangs- und Zielpunkt der Rundreise, ist die größte Stadt und der wirtschaftliche Mittelpunkt Südostbayerns. Durch seine Lage am Innübergang und an der Kreuzung der seit der Römerzeit bedeutenden Handelswege Brenner–Regensburg und Salzburg–Augsburg war diese Funktion gleichsam geographisch-historisch vorbestimmt. Im Schutz der um 1230 erbauten Burg entwickelte sich ein blühender Handels- und Gewerbeplatz, der 1328 Marktrecht und 1864 Stadtrecht erhielt. Wichtiger waren das 1504 erlangte Stapelrecht für den Warenumschlag und besonders das verbriefte Recht der Salzniederlage, Privilegien, die Wohlstand und Reichtum brachten. Der historische Stadtkern um den Max-Joseph-Platz mit seinen vornehmen Bürgerhäusern im Inn-Salzach-Stil (auf Firsthöhe hochgezogene

Die Fraueninsel ist die ruhigere und idyllischere der beiden Inseln im Chiemsee.

Fassaden mit waagrechtem Abschluß, Laubengänge im Erdgeschoß) zeugt noch heute davon. Ansonsten jedoch blieb von der historischen Substanz wenig erhalten. Drei große Brände (1475, 1542, 1641) vernichteten vieles.

Südwestlich von Rosenheim, zwischen Inn und Aiblinger Moor, breitet sich ein fast ebenes, fruchtbares Acker- und Wiesenland aus, seit alters der »Wasen« genannt. Lange bevor Rosenheim entstand, lagen hier schon stattliche Dörfer, etwa das schon im 8. Jahrhundert genannte **Pang**, wo heute eine *Töpferei* die Kinder zum Zuschauen einlädt. Kunsthistorische Perlen des »Wasen« sind die ehemalige *Wallfahrtskirche Heilig-Blut*, mit ihrem mächtigen Kuppelturm unübersehbar neben der B15 am südlichen Stadtausgang Rosenheims gelegen. Hervorzuheben der hochbarocke Stuck im Chor, der Sebastiansaltar mit Bilderwand sowie der um das Jahr 1520 entstandene Gnadenstuhl des Meisters von Rabenden im Hochaltar.

Wenige Kilometer südwestlich überrascht in **Westerndorf** die *Kirche Hl. Kreuz* mit ihrer Gestalt: Der voluminöse Zwiebelbau mit dem schlanken, seitlich angesetzten Turm mutet an wie eine Moschee mit Minarett. Im Innern ist der reiche barocke Stuck bemerkenswert.

Man verläßt Westerndorf südwärts, überquert zweimal die Autobahn und hinter Raubling den Inn, erreicht dann **Neubeuern**, dem der Ruf als typisch oberbayerisches Modelldorf vorauseilt. Schon wahr, der baulich aufgelockerte, verstreute Ort erfreut mit vielen reizvollen Details. Die Wirkung geht vom Gesamtcharakter aus, ohne daß sich einzelne Sehenswürdigkeiten aufdrängen.

Eine reizvolle Bereicherung der Fahrt bietet der folgende Samerberg, ein etwa 900 Meter hoher, an den Fuß der Chiemgauer Alpen angeschmiegter Höhenrücken. Die kleinen Samerbergdörfer Roßholzen, Steinkirchen und Törwang zeigen viel urtümlich-bäuerliches Kolorit, ab Grainbach erschließt eine Bergbahnkombination die 1569 Meter hohe Hochries.

Ein schmales Sträßlein senkt sich nach Frasdorf hinunter, wo sich ein Abstecher in das nur fünf Kilometer entfernte **Aschau** empfiehlt. Im Ortsteil Niederaschau ist die *Pfarrkirche Mariä Lichtmeß*, großzügig gestaltet und ausgestattet, einen Besuch wert; Hauptanziehungspunkt ist das effektvoll über Dorf und Priental thronende *Schloß Hohenaschau*, eine der wenigen noch gut erhaltenen Höhenburgen in Bayern. Die ältesten Teile, wie etwa der Bergfried, stammen noch aus dem 12., andere wie der Burg- und Kapellenhof aus

dem 13. Jahrhundert. Die heutige Gestalt entstand im wesentlichen im 17. Jahrhundert, als die Grafen Preysing die Herren der Burg waren.

Ein weiterer Pluspunkt und das alpine Wahrzeichen Aschaus ist die Kampenwand mit 1669 Metern, deren drachenkammähnlich gezackter Felsgipfel den markanten Berghintergrund für Hunderte von Chiemseemotiven beisteuert. Von der Bergstation auf 1464 Meter Höhe führt ein gesicherter Felsensteig zum Gipfel. Die Aussicht ist exzellent: Sie umfaßt nicht nur den Chiemsee und sein Umland, sondern alle benachbarten Alpengruppen vom Dachstein über die Hohen Tauern bis zum Wetterstein.

Jenseits des Prientals erwartet uns in **Urschalling** ein kunsthistorisches Juwel. *St. Jakobus*, ein schlichter, einschiffiger Bau im Stil romanischer Landkirchen, birgt einen alle Innenwände bedeckenden frühgotischen Freskenzyklus (um 1380), der erst vor 50 Jahren entdeckt und freigelegt wurde. Kleine Teile stammen sogar noch aus der Zeit um 1200.

Prien, das sich mit 10000 Einwohnern vom Markt zur Kleinstadt gemausert hat, Luft- und Kneippkurort, ist der touristische Mittelpunkt des Chiemseeraumes. Der Ort ist seit Ende des 19. Jahrhunderts ein Domizil der Chiemseemaler (unter anderem Künstlergemeinschaft »Die Welle«), deren Tradition mit der »Galerie im Alten Rathaus« bewahrt und fortgesetzt wird. Hauptanziehungspunkt im Ort sind das in einem Biedermeierhaus eingerichtete *Priener Heimatmuseum* sowie die *Pfarrkirche Mariä Himmelfahrt* mit dem

Barocke Hausfront in Neubeuern.

134

weithin bekannten Deckengemälde der »Seeschlacht von Lepanto« im Golf von Korinth, einer voluminösen Historienmalerei im Rokokostil, geschaffen 1738 von Johann Baptist Zimmermann. Von Prien faucht seit 1887 der »feurige Elias« im Volksmund »Bokkerl« genannt, als Schmalspurbahn zum zwei Kilometer entfernten Uferort **Stock**, dem traditionellen Haupthafen der Chiemseeschiffahrt. Von hier aus erschließt sich mit regem Linien- und Sonderverkehr das 82 Quadratkilometer große »Bayerische Meer«.

Der große Publikumsmagnet im Chiemseeraum ist die 230 Hektar große Insel **Herrenchiemsee** mit schönem alten Laubbaumbestand und bedeutenden Bauwerken. Großes Interesse zieht *Schloß Herrenchiemsee* an, das König Ludwig II. ab 1878 nach Versailler Vorbild erbauen ließ. Das Prunkschloß, das nur mit Führungen zugänglich ist, enthält prächtige Innenräume mit prunkvoller Ausstattung. Ebenso großartig sind die Gartenanlagen mit dem eleganten Latona-Brunnen.

Frauenchiemsee, neun Hektar groß, die ländlich-volkstümliche kleine Schwesterinsel, ist zwar inzwischen auch zum touristischen Anziehungspunkt geworden, doch spielt sich hier alles gemütlicher und beschaulicher ab. Dazu trägt vornehmlich der Inselcharakter bei: Hier befindet sich ein ehrwürdiges *Benediktinerinnenkloster* (seit 766, heute teilweise Internat) mit kunstreicher Klosterkirche, ein historisches Torhaus mit Fresken, Fischerhäuser, Hausgärten, Parkanlagen, Einkehrstätten, Spazierwegen und vielerlei malerisch-idyllischen Details.

Mit fortwährend wechselnden Eindrücken geht die Fahrt über Rimsting und Breitbrunn nach Gstadt, wo sich auf der Höhe vor dem Ort das Chiemseepanorama gleich einem Bildteppich ausbreitet: Die Seenweite mit Frauen- und Herreninsel, dahinter die ganze ostbayerische Alpenkette vom Untersberg bis zum Wendelstein. Bis zur Nordspitze des Sees bleibt die Straße in Ufernähe. In **Gollenshausen** lohnt die *Kirche* mit dem Wandgemälde des Jüngsten Gerichts (Außenwand, um 1430) eine Pause. **Seebruck**, heute vom Wassersport und Segeltourismus geprägt, geht auf eine uralte römische Siedlung an der Straße Salzburg – Augsburg zurück (Funde im Heimathaus).

In gemächlichen Mäandern verläßt die Alz den Chiemsee. Das Land ringsum hat noch keine touristische Tünche aufgelegt, ist altertümliche Bauernregion geblieben. Über Truchtlaching erreicht man **Seeon**, eine der malerischsten *Klosteranlagen*

Rotwild kommt im Winter in großen Rudeln zu den Futterstellen im Werdenfelser Land.

Bayerns. Auf einer Insel im schilfreichen See erbaut und um drei Höfe gruppiert, bewahrt das tausendjährige Kloster Zeugnisse aus fast allen Stilepochen (Kirche mit romanischen Bauresten, gotischem Gewölbe mit Renaissanceausmalung, kunstvolle Skulpturen). Der Hauptzugang führt über einen Damm, ein luftiger Steg verbindet außerdem die Insel mit der Wallfahrtskirche Bräuhausen am Nordufer. Freunde moderner Kunst zieht es anschließend in das nahe Pavolding, wo der im Jahr 1984 verstorbene Bildhauer Heinrich Kirchner gelebt hat und sich rings um seinen Bauernhof noch einige seiner Bronzeskulpturen finden.

Die Fahrt setzt sich fort über **Rabenden** (berühmter Flügelaltar im Kirchlein), **Berg** (St. Wolfgang, Landkirche aus dem 14. Jahrhundert) und **Altenmarkt** (malerische Ortswinkel, Stiftskirche Baumburg mit stattlichen Doppeltürmen und bedeutender Ausstattung) nach **Trostberg**. Der Standort am Hochufer der Alz ließ nur einen einzigen Straßenzug zu, um den sich die Häuser drängen, aus dem tiefen Flußtal teilweise sogar übereinander gestaffelt.

Hinter Trostberg wechselt die Route vom Chiemgau in den Rupertiwinkel. Eine Änderung nimmt man kaum wahr: allenfalls scheinen die Dörfer abgeschiedener und urtümlicher, die Felder größer und fruchtbarer, die Landschaften sanfter zu werden. Der flüchtige Schein trügt. Gerade hier gilt es, Interessantes zu entdecken. Eine Besonderheit ist das sogenannte Rupertigauer Bundwerk, eine der Fachwerkbauweise verwandte Wandarchitektur aus Holz, die durch ihre reizvolle Gitterstruktur und allerlei Zierwerk besticht. Man findet es an den Wirtschaftsgebäuden großer Drei- und Vierkanthöfe, und zwar nur im nördlichen Rupertigau.

Tittmoning an der Salzach, einst Sommersitz der Salzburger Fürstbischöfe, ist ein ausnehmend reizvolles Städtchen mit großzügigem, heiterem Marktplatz, von farbenfrohen Hausfronten im Inn-Salzach-Stil umrahmt. Stufenförmig steigen die Dächer vom Flußufer zur martialisch-klobigen *Burg* hinauf, die als Dreingabe noch ein gutbesuchtes *Heimatmuseum* (unter anderem bedeutende Schützenscheiben-Sammlung) bietet. Nach Art einer Panoramastraße erklimmt die B 20 hinter Tittmoning die Uferhöhen der Salzach und geizt auch in der Folge nicht mit hübschen Motiven. Eindrucksvolle Stationen sind *Kloster Raitenhaslach* im Winkel einer Salzachschleife (reich ausgestattete Zisterzienserkirche, beliebte Wirtsgarteneinkehr) und die auf hohem Uferberg thronende *Wallfahrtskirche Marienberg*, die mit üppigem und farbenfreudigem Rokoko ausgestattet ist.

Burghausen ist neben Wasserburg das reizvollste Städtchen auf dieser Rundreise. Die Stadtstruktur ist einzigartig: Auf einem schmalen Bergrücken zwischen Salzach und Wöhrsee erhebt sich die umfangreichste *Burganlage* Deutschlands, 1030 Meter lang, unterteilt durch sechs Burghöfe, deren Überwindung jeden Angreifer abschreckte – heute ein romantisch-malerisches Relikt mit Wehr-

des Zentrum ist der großzügig gestaltete Kapellplatz mit der *Gnadenkapelle*, in deren Arkadenumgang jeder Quadratdezimeter mit Votivtafeln bedeckt ist. An den Sommerabenden finden fast täglich Lichterprozessionen der Wallfahrer statt. Auf der Südseite des Kapellplatzes steht die sehenswerte *Stifts- und Wallfahrtskirche St. Philipp und Jakob* (Orgelprospekt, Portale, Schatzkammer mit dem »Goldenen Rößl«). Im Osten wird der Platz von der *Kirche St. Magdalena*, die durch schönes Stuckdekor beeindruckt, gesäumt.

Au, besticht mit seiner ausnehmend malerischen Lage, zumal wenn man es vom Burgberg des Stampfl-Schlosses auf sich wirken läßt: Im abgeschiedenen Winkel einer Innschleife gruppiert es sich weltentrückt um drei Innenhöfe. Bekannter ist das folgende **Kloster Gars**, dessen imposante Barockkirche kunstreich ausgestattet ist.

Auf etwas verschnörkelten Wegen erreicht man über Soyen (*Kirche St. Petrus und Paulus*) die Inntalperle **Wasserburg**. Schon die topographische Situation ist außergewöhnlich: Die Stadt wird zu vier Fünftel von einer weitgeschwungenen Schleife des Inn umschlungen. Auf dem kleinen Raum dieser Landzunge gruppiert sich das mittelalterliche Stadtgefüge mit wuchtigen Bürgerhäusern, prächtigen Fassaden, Laubengängen, Türmen, Treppengiebeln und Zinnen. Auch hier wirkt, ähnlich wie schon in Burghausen, die Stadt als Ganzes am eindrucksvollsten, besonders vom Aussichtspunkt am südöstlichen Innhochufer aus (Salzburger Straße).

Auf der B 15 setzt sich die Fahrt fort, berührt **Attel**, das uralte, wenn auch schlichteste der *Innklöster*, und erreicht wenig später **Rott am Inn**, dessen *Klosterkirche* zu den erlesensten Schöpfungen des bayerischen Rokoko zählt. An Bau und Ausstattung (1759–1767) haben fast alle namhaften Künstler jener Zeit mitgewirkt (J. M. Fischer, Ignaz Günther).

Anschließend lohnt das östlich gelegene **Amerang** einen kleinen Umweg, denn es wartet mit zwei Anziehungspunkten auf: Dem *Renaissanceschloß* aus dem 16. Jahrhundert mit herrlichem Arkadenhof (im Sommer Schloßkonzerte) und dem *Ostoberbayerischen Bauernhofmuseum*. Auf kurzweiligen Nebenstraßen schließt sich über Endorf und das Südufer des Simssees der Ring der Rundreise.

Vom österreichischen Innufer schweift der Blick hinüber zur gewaltigen Burganlage von Burghausen.

mauern und Wachtürmen, Handwerkshäusern und Stallungen, Arsenalen und Verliesen, Kemenaten und Kapellen, Höfen, Brücken und Aussichtspodesten. Nicht minder begeisternd ist die Altstadt, die sich parallel zur Burg, auf den schmalen Landstreifen zwischen Fluß und Burgberg schmiegt. Von Süden her besteht sie nur aus einem Straßenzug (»*In den Grueben*«), der sich zum eindrucksvollen, von herrlichen Hausfassaden eingefaßten Stadtplatz erweitert.

Nur wenige Autominuten sind es nach **Altötting**, Deutschlands berühmtesten Wallfahrtsort, den jährlich eine Million Pilger besucht. Beherrschen-

Nach dem Besuch von Altötting empfiehlt sich auch die Schwesterstadt **Neuötting** zur Visite. Sie erfreut mit ihrem *Stadtplatz* (Tortürme, Laubengänge) und der *Pfarrkirche St. Nikolaus*.

Mühldorf am Inn beeindruckt wiederum mit seinem weiträumigen, fast 500 Meter langen *Stadtplatz*: Schöne Fassaden im Inn-Salzach-Stil, Tortürme, Arkaden, Laubenhöfe, Brunnen. Ein besonderer Hinweis gilt dem Rathaus und der *Pfarrkirche St. Nikolaus*.

Fünf stattliche Klöster schmücken auf nur 25 Kilometern Luftlinie dann das Inntal: Au, Gars, Attel, Altenhohenau und Rott. Gleich das erste,

Chiemgauer Alpen – Berchtesgadener Land – Rupertiwinkel

Die Rundreise durch die südöstlichsten Regionen Oberbayerns beginnt und endet an der Ausfahrt Siegsdorf der Autobahn München–Salzburg. In dem weit verstreuten, unübersichtlichen Ortsbereich von **Siegsdorf** ist man für eine gezielte Wegweisung dankbar. Nach dem Besuch der *Pfarrkirche Mariä Empfängnis* (1779), die ein interessantes Deckengemälde mit dem Brand von Traunstein 1704 enthält, sei zur Einstimmung ein Abstecher in den vier Kilometer südöstlich an der B 306 gelegenen Ortsteil Hammer empfohlen.

St. Bartholomä im Berchtesgadener Land.

Dort steht östlich am Hang der »Wastlbauernhof« von 1762, ein renovierter Bauernhof des Typs Traunsteiner Gebirgshaus, jetzt als kleines Museum eingerichtet. Von ähnlicher Wesensart ist eine Baugruppe im Ortsteil Häusern (über dem Ferienpark Vorauf nächst der Autobahn), die drei Gebirgshäuser aus der Zeit vom 17. bis 19. Jahrhundert umfaßt.

Nach dem landeskundlichen Auftakt verläßt man Siegsdorf südwestlich auf der Straße nach Bergen, wo am Ortsende links eine Stichstraße zu der vier Kilometer entfernten *Wallfahrtskirche Maria Eck* führt. Im Inneren beeindrucken das frühbarocke Gnadenbild, die Rokokoausstattung und zahlreiche Votivtafeln. Mit der schönen Aussicht über das Chiemseeuferland rundet sich die Wallfahrt zum beliebten Ausflugsziel ab. Die 882 Meter Seehöhe von Maria Eck verdoppeln sich, wenn man in Bergen, der nächsten Station, mit der Kabinenseilbahn auf den 1664 Meter hohen Hochfelln hinauffährt. Er gilt als Hausberg des Chiemgaus, die Panoramasicht vom Gipfel ist großartig. Zudem ist der Hochfelln im Winter ein lohnendes Sikfahrerziel, das über die Steinbergalm auch von Ruhpolding aus Anschluß hat.

Am Fuß der Chiemgauer Berge, wo von 1810 bis 1958 die zweite Soleleitung von Bad Reichenhall nach Rosenheim verlief, geht es nach **Grassau**, einen stattlichen Marktort und eine der ältesten Siedlungen im Chiemgau. Die *Pfarrkirche Mariä Himmelfahrt* (12.–17. Jahrhundert) mit ihrem

kraftvollen Turm, dem schönen Portal und der reichen Ausstattung empfiehlt sich zum Besuch. Südlich von Grassau ist man ganz schnell im Gebirge. Der Engpaß von **Marquartstein** wird von der tausendjährigen, wuchtigen *Burg* beherrscht, deren Grafengeschlecht dem Ort seinen Namen gab. Die Burg ist Privatbesitz und nicht zu besichtigen. Bei der Weiterfahrt erkennt man zwei sich gabelnde Täler: Links das Wössener Tal, rechts das von der Tiroler Ache durchflossene Schlechinger Tal, durch das unsere Route verläuft.

Hinter Raiten berührt die Straße die »Mettenhamer Filze«, ein unter Naturschutz stehendes Latschenhochmoor, von Erlenbewuchs umrahmt. In einer Talweitung liegt das stattliche **Schleching**, von Geigelstein und Kampenwand dekorativ überragt. Das Ortsbild erfreut den Besucher mit einer Anzahl schöner Bauernhäuser sowie dem kraftvoll-eleganten Bau der *Pfarrkirche St. Remigius*, von deren guter Ausstattung, überwiegend aus der Erbauungszeit (18. Jahrhundert) stammend, der originäre Bandelwerkstuck besonders zu erwähnen ist.

Der Hauptanziehungspunkt im Schlechinger Talwinkel ist das in herrlicher Lage auf einem Bergsporn stehende *Kirchlein St. Servatius*, kurz Streichenkapelle genannt, das man über einen Fahrweg ab Achenbrücke und einen anschließenden zehnminütigen Gehweg erreicht. Das schlichte Bauwerk, entstanden zwischen dem 13. und 15. Jahrhundert, ist im Innern überreich mit gotischen Fresken geschmückt und zählt zu den bedeutendsten Kulturdenkmälern Oberbayerns.

Die Höllentalklamm im Wettersteingebirge.

Wieder im Tal der Tiroler Ache angelangt, fahren wir, vorbei an der Grenzstation **Klobenstein** mit ihren drei Wallfahrtskapellen, ein paar Kilometer durch Tirol und erreichen über Kössen bei Reit im Winkl wieder oberbayerischen Boden. **Reit im Winkl** ist allein durch seine heimelige Note und seine malerische Lage zwischen den Chiemgauer Alpen und dem Kaisergebirge seit alters ein begehrtes Ferienziel im Sommer wie im Winter. In Seegatterl zweigt eine Bergstraße zur weitverzweigten Höhenregion um Winklmoosalm, Dürrnbachhorn und Steinplatte ab, ein lohnendes Terrain für Wanderfreunde und Skiläufer. Unser Weg bleibt weiter auf der Talsohle, folgt damit der einst dem Holztransport nach Traunstein dienenden Salinenstraße, die trotz ihrer »Beförderung« zur Deutschen Alpenstraße ihre stimmungsvolle Eigenart bewahren konnte. Während von 1922 bis 1940 sogar die »Waldbahn« durch die Täler fauchte, ist es hier nun, seit 1954 ein 100 Quadratkilometer großes Gebiet zum Naturschutzgebiet Chiemgauer Alpen erklärt wurde, wohltuend still und beschaulich geworden. Besonders anmutig ist das Tal rings um Weit-, Löden- und Mittersee, wo sich die malerischen Seenspiegel mit blumenreichen Moorwiesen und verträumten Uferwinkeln zur Bilderbuchlandschaft gruppieren.

Wenig später öffnet sich der enge Talboden zum weiten Gebirgsbecken, besetzt vom Fremdenverkehrsort **Ruhpolding**, dessen Gemeindegebiet in den letzten Jahrzehnten mit 148 Quadratkilometern halb so groß wie das von München ge-

Tosend schießt das Wasser durch die Wimbachklamm.

worden ist. Davon abgesehen ist Ruhpolding ein Gebirgsort mit Tradition, organisch gewachsen durch Jahrhunderte. Landschaftliche Vorzüge vereinen sich mit kunsthistorischen Kostbarkeiten und einem großen touristischen und gastronomischen Angebot zum attraktiven Besuchsziel. Südlich des Ortes lädt der seilbahnerschlossene Rauschberg, 1671 Meter, zur großartigen Panoramaschau und zu herrlichen Wanderungen und Skiabfahrten ein.

Ort erreicht, lockt linker Hand der romantische Thumsee zum Bad und zur Einkehr. Jenseits der Straße liegt ein wunderschöner Seerosenteich. **Bad Reichenhall** zieht sich über einen weiten Talkessel, von Bergen umrahmt und vom Predigtstuhl, zu dem eine Bergbahnfahrt lohnend ist, und Hochstaufen dekorativ überragt.

Nach Norden hin ist die Stadt, dem Lauf der Saalach folgend, zur Ebene hin geöffnet. Sie steht auf uraltem Kulturboden, was Funde aus der

die Deutsche Alpenstraße. Nach zunächst dicht geschlossenem Bergwald öffnet sich bei der Schwarzbachwacht überraschend das Blickfeld zur umfassenden Gesamtschau über den Berchtesgadener Gebirgswinkel. Während man die Marktsiedlung, Königssee und Hintersee in den tiefen Einschnitten nur ahnen kann, präsentieren sich die wohlbekannten Berge wie zu einer Parade: Reiteralpe, Hochkalter, Watzmann, Jenner und Hoher Göll.

Der Schmalensee gehört zu den zahlreichen Gewässern im Voralpengebiet.

Vom Nationalpark am Königssee geht der Blick hinauf zum Hohen Göll (2522 m).

Nur wenige Kilometer östlich liegt **Inzell** im weiten, sonnenverwöhnten Talbecken vor der »Zwing«, der schmalen Geländepforte zum alpinen Bereich. Inzell gibt sich weitläufig in mehrere Stadtteile aufgelockert, widmet sich engagiert dem Fremdenverkehr und ist als deutsches Eisschnellaufzentrum weltweit bekannt. Von Inzell fährt man auf der B 305 südwärts, wo sich gleich darauf die liebliche Voralpenlandschaft ins Dramatische verwandelt. An der Zwing öffnet sich schluchtartig das Weißbachtal, in dessen östliche Uferhangflucht die Straße eingekerbt ist.

Kurz vor Schneizlreuth biegt man links in die Straße nach Bad Reichenhall ab. Ehe man den

Bronzezeit bezeugen. Reich geworden durch das Salz, wurde die Ortssubstanz mehrmals durch Brände geschädigt oder gar vollständig zerstört, weshalb nur wenige der alten Flachdachhäuser erhalten blieben. Im 19. Jahrhundert wandelte sich die Stadt zu einem großbürgerlich-noblen Heilbad und Kurzentrum, was auch die heutige Stadtgestalt prägt.

Von den drei Zufahrtstraßen nach Berchtesgaden ist die westlichste Route über das »Wachterl« (wie der Einheimische den 868 Meter hohen Schwarzbachwachtsattel nennt) die großartigste. Man fährt von Reichenhall das Saalachtal aufwärts (B 21) und biegt bei Unterjettenberg links ab in

Das Berchtesgadener Land umfaßt ein 400 Quadratkilometer großes Gebiet zwischen Steinernem Meer, Hagengebirge, Lattengebirge und Untersberg. Der Bereich deckt sich annähernd mit dem Territorium der einst reichsfreien Fürstpropstei Berchtesgaden, deren Selbständigkeit um 1100 begann und 1810 mit der Angliederung an Bayern endete. Nahezu die Hälfte des Gebietes, nämlich 210 Quadratkilometer, umfaßt heute der Nationalpark Berchtesgaden.

Ehe man im Verlauf der B 305 den Ortsbereich erreicht, sei vorweg ein Abstecher nach Ramsau und zum romantischen Hintersee empfohlen. Man kann bei der »Hindenburglinde« rechts in das Tal der Ramsauer Ache abbiegen, den Hintersee bogenförmig umfahren und erreicht anschließend die von ungezählten Ansichtskarten wohlbekannte *Ramsauer Pfarrkirche*, einen spätgotischen Bau (1512) mit schöner Ausstattung.

Der Markt **Berchtesgaden** zieht sich malerisch eine bergumkränzte Hangterrasse hinauf. Gemessen an dem massierten touristischen Betrieb ringsherum wirkt der historische Ortskern um *Schloß*, *Stiftskirche* und *Marktplatz* geradezu intim

Schloßmuseum mit bedeutenden Kunstwerken. Landschaftlicher Hauptanziehungspunkt ist der fjordartige **Königssee**, der mit seiner stellenweise fast senkrecht aufragenden Felsuferumrahmung als einer der schönsten Alpenseen gilt. Auf einer Schwemmlandzunge am Westufer liegt das malerische *Kirchlein St. Bartholomä* (nur mit Boot erreichbar), dahinter reckt sich die gewaltige Watzmannostwand empor. Vom Dorf Königssee führt eine Seilbahn auf den 1874 Meter hohen Jenner,

senkt sich die Straße in den Talkessel von Bad Reichenhall hinunter, der schon bei der Anfahrt nach Berchtesgaden besucht wurde. Ehe man nördlich der Stadt die Autobahn München–Salzburg überquert, lohnt ein Halt in **Piding-Mauthausen**. Die *Kirche St. Lorenz* in Mauthausen ist romanischen Ursprungs mit spätgotischen Veränderungen; in neuerer Zeit wurden gotische Fresken freigelegt. Weithin sichtbarer Blickfang ist das düstere Gemäuer der *Burg Staufeneck* am

Schutt und Kies wird von den Flüssen in die Täler (hier Rißbachtal) transportiert.

Auf einer kleinen Hochebene liegt dieser Bergbauernhof am Obersalzberg.

und feierlich. Dominierend am Marktplatz sind, architektonisch verbunden, Stiftskirche und Schloß. Die ehemalige *Stiftskirche St. Peter und Johannes* ist ein mächtiges, ehrwürdiges Bauwerk, an dem drei Stilepochen geformt haben: Romanik, Gotik und Barock. Aus der reichen Ausstattung besonders zu erwähnen sind der Hochaltar (nach Salzburger Vorbild), das Chorgestühl aus dem 15. Jahrhundert sowie die schönen Steinmetz-Grabdenkmäler. Die Klostergebäude des ehemaligen Augustinerchorherrenstifts, von den Wittelsbachern zum Schloß erkoren, enthalten den in großen Teilen noch romanisch erhaltenen Kreuzgang sowie das sehenswerte

der eine großartige Gesamtschau über den Alpenpark bietet und zu vielen herrlichen Wanderungen einlädt. Wanderwege besonderer Art führen außerdem in die Wimbachklamm (Parkplatz an der Straße nach Ramsau) und von der Straße nach Marktschellenberg durch die Almbachklamm, an deren Eingang die einzige historische *Kugelmühle* Deutschlands in Betrieb ist.

Zur Weiterfahrt wählt man ab Berchtesgaden die B 20 über Bischofswiesen, wo die wilde Berglandschaft sich schon liebenswürdig gibt. Am **Paß Hallthurm** erinnert der martialische *Wehrturm* an die Zeit, in der sich die Fürstpropstei gegen den Zugriff der Bayern zu wehren hatte. Danach

Sockel des 1771 Meter hohen Hohenstaufen. In der Folge durchquert die Route den Rupertiwinkel, ein Gebiet, dessen Name zwar fast jedem vertraut ist, das aber kaum einer kennt. Im touristischen Windschatten von Salzburg, Berchtesgadener Land und Chiemsee gelegen, konnte sich in der stillen Landschaft viel Ursprüngliches erhalten: Bauerndörfer, Brauchtum, Moorwiesen, einsame Gehöfte, Naturidyllen an Weg und Bach. Der Weg – er kann in solch beschaulicher Gegend nur krumm sein – führt bei der Ausfahrt Bad Reichenhall über die Autobahn. Von Piding verläuft ein schmaler Fahrweg auf den Johanneshögl, eine luftige Hügelkuppe samt Kirchlein und

Wirtshaus, die einen herrlichen Blick über das Salzburger Becken mit Untersberg, Gaisberg und bis hin zum Dachstein präsentiert. Nächste Station ist **Anger**, das stattliche Dorf auf einem Felssporn am Westrand des Pidinger Beckens, von König Ludwig I. das »schönste Dorf Bayerns« genannt. Ungewöhnlich eindrucksvoll ist der riesige, stadtplatzähnliche Dorfanger, der von schönen Handwerkerhäusern aus dem 17./18. Jahrhundert umrahmt wird. Besonders auffallend wirkt die erhöht stehende Kirche mit dem weithin sichtbaren Turm. Die *Pfarrkirche St. Peter und Paul* wurde im 15. Jahrhundert erbaut und mehrfach verändert. Kurz, aber verschlungen ist der Weg nach **Höglwörth**, das einmal mehr die landestypische Gruppierung vorweist: Kloster, Kirche und Wirtshaus samt Biergarten, hier noch erweitert durch ein Freibad im idyllischen Moorsee.

Anschließend führt der Weg über **Weildorf** (in der Kirche sehenswerte Madonna) und Schönram (mit lohnenden Wanderwegen durch die Schönramer Filze) zum Abtsdorfer See. Man umfährt den wegen seiner schönen Lage inmitten der Moorlandschaft und wegen seines warmen Wassers geschätzten See im Ostbogen von Leoben-

dorf nach Abtsdorf, wo die schönen Fresken in der spätgotischen Dorfkirche sehenswert sind, und wechselt danach in das Salzachtal hinüber.

Ein lebendig gebliebenes Stück Mittelalter ist der Stadtkern von **Laufen**, in und über einer Salzachschleife gelegen. Wegen deren unpassierbaren Stromschnellen besaßen die Laufener jahrhundertelang das Schiffahrts- und Verlademonopol für Salz von Hallein bis Passau. Der daraus erwachsene Reichtum zeigt sich noch heute im Stadtbild. Die *Stifts- und Pfarrkirche Mariä Himmelfahrt* ist die älteste gotische Hallenkirche Süddeutschlands; sie wird von einem Bogengang mit bemalten Gewölben umzogen. Im Inneren beeindrucken die gewaltige Raumwirkung, die Altäre und eine Kreuzigungsgruppe an der Chorwand. Die Route führt über **Kirchanschöring** (Bauernmuseum im Schmiedhof) und Götzing an das Nordufer des **Tachinger Sees**, wo hoch über dem See das schlichte *Kirchlein St. Koloman* mit einem wunderschönen Flügelaltar (1515) überrascht. In vergnüglicher Fahrt längs des Westufers erreicht man **Waging**, Hauptort des Fremdenverkehrsgebietes rings um Waginger und Tachinger See. Trotz der intensiven touristischen Erschließung bewahrt der alte Markt noch einige heimelige

Winkel. Sehenswert ist die *Pfarrkirche St. Martin* mit ihrer schönen Ausstattung. Rund um Waging ist noch manch reizvolles Ziel zu entdecken wie die *Wallfahrtskirche Mariä Heimsuchung* auf dem Mühlberg (mit großartigem Blick über den Waginger See) oder der Burghügel bei Tettelham, der einst die Salzstraße beherrschte. Vorrangiges Ziel in diesem Bereich ist die spätgotische *Wallfahrtskirche St. Leonhard* in **Wonneberg**, in der neben den schönen Gewölbemalereien besonders der neugotische Hochaltar besticht.

Traunstein, letzte Station dieser Rundfahrt, ist traditioneller Mittelpunkt des Chiemgaus. Hervorgegangen aus einer Römersiedlung an der Straße Salzburg–Augsburg, tauchte es erstmals zu Beginn des 12. Jahrhunderts in der Geschichte auf. In der Folgezeit war das Salz die Quelle für Blüte und Wohlstand. Zunächst Station an der Salzstraße, war Traunstein von 1619 bis 1910 Endpunkt der von Reichenhall herführenden Soleleitung. Durch Brände in den Jahren 1704 und 1851 wurde fast die ganze historische Substanz zerstört. Sehenswertes Relikt ist die *Salinenkapelle St. Rupert* im Stadtteil Au. Sie wurde 1630/31 vom Stadtmaurermeister Wolfgang König über einem kreuzförmigen Grundriß errichtet. Den Brunnen am Stadtplatz ziert der Ritter Liendl.

Eines der großen Feste im Jahreslauf der Stadt ist der Georgiritt am Ostermontag. Der uralte Brauch, schon fast vergessen, wurde noch vor dem Ersten Weltkrieg zu neuem Leben erweckt. Aus den umliegenden Gemeinden reiten die Bauern mit ihren festlich geschmückten Pferden herbei, voraus immer der Geistliche im Chorhemd, dann der Standartenträger, hinter diesen die Reiter. Der oft Hunderte von Metern lange Zug bewegt sich bis zur Kirche im Vorort Etendorf. Dort werden Reiter und Pferde gesegnet. Vor der Stadtpfarrkirche in Traunstein wird diese Segnung wiederholt, worauf sich der Festzug auflöst. Der Georgiritt in Traunstein ist neben dem Leonhardiritt, der in Bad Tölz abgehalten wirde, eines der bedeutendsten bayerischen Brauchtumsfeste mit ursprünglichem Charakter.

Üppiger Blumenschmuck ziert Balkone und Gärten dieser Häuser in Graswang bei Oberammergau.

Dieser Landwirt bei Oberaudorf arbeitet vor der großartigen Bergkulisse des Kaisergebirges.

Register

Kursive Ziffern verweisen auf Abbildungen.

Personenregister

Albrecht IV., der Weise, Herzog, 24
Asam, Egid Quirin 121

Corinth, Lovis 19, 129
Cuvilliés, François 46, 122

Effner, Joseph 122
Emmeram, heiliger 23

Feichtmayr, Franz Xaver 122
Ferdinand Maria, Kurfürst von Bayern 24
Fischer, Johann Michael 121f., 126, 136
Friedrich I. Barbarossa, Kaiser 23
Friedrich II., König von Preußen 22

Ganghofer, Ludwig 131, 132
Goethe, Johann Wolfgang von 19
Grasser, Erasmus 132
Günther, Ignaz 59, 130, 136
Günther, Matthäus 122

Heinrich der Löwe, Herzog von Bayern 23, 124

Kandinsky, Wassily 130
Karl der Große, Kaiser 127
Karl VII., Kaiser 22
Karner, Franz 81
Kiem, Pauli 132
Kirchner, Heinrich 135
Klenze, Leo von 58
Klotz, Mathias 80
Korbinian, heiliger 23

Lasso, Orlando di 123
Leibl, Wilhelm 133
Lenbach, Franz von 121
Ludwig der Bayer, Kaiser 22, 24, 82, 130
Ludwig I., König von Bayern 24, 52, 140
Ludwig II., König von Bayern 21, 24, 82f., 125, 127, 130, 135

Marc, Franz 19, 128
Max I., König von Bayern 19, 24

Maximilian I., Kurfürst von Bayern 24
Max Emanuel, Kurfürst von Bayern 22, 24, 47, 122
Meister von Rabenden 134
Miller, Ferdinand von 58
Montagu, David 15
Montgelas, Graf von 24
Münter, Gabriele 130

Ottheinrich, Kurfürst von der Pfalz 48
Otto I., Herzog von Wittelsbach 23

Polak, Jan 132

Rupert, heiliger 23

Schmuzer, Johann 124
Schmuter, Josef 80
Schmuzer, Matthias 121
Schwanthaler, Ludwig von 58
Slezak, Leo 132
Strauß, Franz Josef 22

Tassilo III., Herzog 22, 124
Thoma, Ludwig 122, 132,

Wilhelm IV., Herzog von Bayern 32
Wilhelm VI., Herzog von Bayern 54

Zimmermann, Dominikus 9, 124, 125f.
Zimmermann, Johann Baptist 125f., 132, 135
Zuccalli, Domenico 100f.
Zuccalli, Enrico 82, 122
Zwinck, Franz Seraph 130

Orts- und Sachregister

Abtsdorf 140
Abtsdorfer See 140
Almbachklamm 114, 139
Alpspitze 129
Altenhohenau 20, 136
Altenmarkt 135
Altenstadt 20, 125
Altkeferloh 29
Altötting 20, 27, 30, 31, 42, 136
Altomünster 121
Ambach 5
Amerang 136
Ammergauer Alpen 17, 125, 130

Ammergebirge 34, 36
Ammermoos 77
Ammerschlucht 10, 36, 128
Ammersee 17, 36, 72f.
Andechs 26, 30, 31, 32, 126, 127
Anger 140
Arnsberg 121
Aschau 21, 134
Attel 20, 136
Au 20, 23, 100f., 136
Auerberg 27, 125
Aufkirchen 127
Aying 133

Bad Feilnbach 133
Bad Reichenhall, 21, 31 138
Bad Tölz 6, 15, 18, 26, 30, 88, 93, 131
Bad Wiessee 19
Badersee 129
Bayrischzell 19, 133
Beilngries 121
Benediktbeuern 18, 23, 28, 85, 128
Benediktenwand 18, 131
Berbling 133
Berchtesgaden 21, 26, 27, 32, 139
Berchtesgadener Alpen 14
Berchtesgadener Land 7, 21, 26, 27, 43, 106, 113, 118f., 138
Berg (Starnberger See) 28, 29, 127
Berg (Chiemgau) 135
Bergen 21, 32, 121, 137
Bergener Moos 36
Bernau 20, 23, 136
Bernbeuren 125
Bernried 29, 126f.
Beuerberg 128
Beyharting 133
Bichl 128
Birkenstein 132
Bischofswiesen 21
Blankenstein 19
Blomberg 6, 131
Blutenburg, Schloß 49
Brannenburg 29, 132
Brannenburger Sulzberg 20
Brauneck 18, 131
Büchsenalm 7
Burggen 125
Burghausen 20, 34, 43, 44, 136, 136

Chiemgauer Alpen 34, 35, 36, 134, 137
Chiemsee 4f., 21, 135

Dachau 14, 15, 47, 122
Dachstein 31, 140

Degerndorf 126
Deutsche Alpenstraße 40, 123, 133, 137, 138
Dießen 26, 65, 66, 69, 70, 71, 126
Dietramszell 30, 130
Dürrnbachhorn 137

Eggstätter Seenplatte 36
Eibsee 18, 129
Eichstätt 15, 23, 121
Eichstätter Alb 15
Eresing 123
Estergebirge 18
Ettal 18, 31, 36, 82, 130
Ettendorf 27, 97
Eurasburg 128

Fall 131
Farchach 127
Firstalm 27
Fischbachau 132
Fischhausen 132
Flintsbacher Madron 20
Forchensee 35
Forst 30
Frauenchiemsee 23, 99, 134, 135
Freising 14, 15, 16, 23, 32
Fürstenfeldbruck 30, 123
Füssen 17

Gachenbach 121
Gaißach 27
Garatshausen 127
Garmisch-Partenkirchen 17, 24, 27, 129, 129
Gars 20, 23, 136
Gauting 127
Geigelstein 137
Geroldsee 10f., 30
Glashütte 132
Glentleiten 18, 19, 22, 24, 128
Gollenshausen 135
Grafrath 123
Grainau 129
Grainbach 95
Graswang 140
Greding 15
Großer Ahornboden 25, 36, 132
Großweil 19, 128
Grünau 48, 121
Grünsingk 28
Gstadt 135
Gungoldinger Wacholderheide 132

Haarmoos 36
Habach 130
Haimhausen 46f., 122

Hallthurm, Paß 21, 139
Halserspitz 19
Heilham 108
Heimgarten 18, 86f., 129
Herrenchiemsee 23, 24, 135
Herrsching 127
Herzogstand 18, 86f., 128, 129
Hinterriß 132
Hintersee 35, 138
Hirschberg 19, 126
Hirschberg (Schloß) 121
Hochfelln 137
Hochkalter 138
Hochries 95, 134
Hochstaufen 138
Höglwörth 110, 140
Hohenrain 133
Höllentalklamm 19, 129, 137
Hörndlwand 35
Hohenaschau 103, 134
Hohenpeißenberg 78f., 126
Hohenschwangau 125
Hohenstaufen 139
Hoher Göll 119, 138, 138
Hoher Kranzberg 129
Hoher Peißenberg 15
Holledau 14, 32f., 41
Holzhausen 27, 130
Hundham 30

Iffeldorf 130
Ilgen 125
Ilkahöhe 60f., 126, 127
Ilmmünster 121
Indersdorf 122
Ingolstadt 16, 32, 37, 38f.
Inning 127
Inzell 21, 138
Irschenberg 32
Isartalauen 36
Ismaninger Speicherseen 36

Jachenau 129
Jenner 7, 35, 138, 139
Jesenwang 27
Jochberg 18, 86f., 129
Johanneshögl 15, 139

Kaltenberg 64, 124
Kaltenbrunn 28, 28
Kampenwand 134, 137
Karwendelgebirge 6, 14, 18, 25, 30, 34, 35, 36, 130, 132
Karwendelgrube 17, 91
Karwendelspitze, Westliche 10f., 16, 129
Kaufering 30, 36, 124
Kendlmühlfilz 15, 36
Kesselbergstraße 19, 129
Kiefersfelden 28

Kinding 121
Kipfenberg 121
Kirchanschöring 140
Kirchsee 36, 131
Kirchseefilze 36
Kirchweidach 30
Kleinhelfendorf 133
Klobenstein 137
Kochel 19, *89*, 128
Kocheler Moos 36
Kochelsee 18, *84f., 86f.*, 129
Königsdorf 128
Königsdorfer Filz 36, 128
Königsee *7*, 29, 34, 35, *138*, 139
Kottgeisering 123
Kramer 129
Kranzhorn 20
Kreuth 30, 132
Kreuzspitze 36
Kutterling 133

Landsberg am Lech 17, 28, *62*, 124, 124, *125*
Laufen 28, 31, *99*, 140
Lechbruck 125
Lenggries 28, 131
Leutstettten 127
Linderhof, Schloß 24, 35, *82f.*, 130
Lödensee 35, 137

Maria Beinberg 121
Maria Birnbaum 31, 121
Maria Eck 27, 137
Maria Gern 21, *109, 118f.*
Maria im Heuwinkl *67*, 130
Marienberg 135
Marktschellenberg 21, *114*
Marquartstein 21, 137
Maxlrain *123*, 133
Mettenhamer Filz 137
Miesbach 27
Mittenwald 18, *23, 26*, 27, *80*, 129
Mittersee 35, 137
Mörlbach 127
Mondscheinfilz 36
Mühldorf am Inn 20, 136
München *5, 13*, 14, 15, 16f., 19, *21*, 23, 24f., 26, 27, 29, *50f., 52, 53, 54, 55, 56, 56, 58*, 122
Murnau 15, 18, 30, 130
Murnauer Moos 18, 36, *74f.*, 130

Nationalpark Berchtesgaden 34f., 36
Neubeuern *25, 134*, 134
Neuburg an der Donau 15, 121

Neuötting 136
Neuschwanstein 24, 125

Oberammergau 18, 27, 29, 130
Oberaudorf 133
Oberwössen 21
Ödkarspitze *17*
Osterseen 36, *72, 74f.*, 130

Pähl 126
Pang 134
Parsberg 27
Partenkirchen 18, 23, 27, 129
Partnachklamm 18, 129
Paterzell 124
Pavolding 135
Peißenberg *78f.*, 126
Petersberg 122
Pfaffenhofen 121
Pfeiferalm *78*
Pflegersee 129
Pfünz 121
Piding 139
Pilsensee 17, 127
Pleisenspitze *17, 91*
Polling 23, 126
Predigtstuhl 138
Prien 29, 134f.
Pupplinger Au 36

Rabenden 135
Raisting 126
Raitenhaslach 135
Ramsau 21, 138
Ratzinger Höhe 15
Rauschberg 35, 138
Reichersbeuern 131
Reichersdorf 30
Reintal 36
Reisach 133
Reit im Winkl 21, 35, 137
Reiteralpe 138
Reutberg 32, 131
Ried 19
Riedlkarspitze *17, 91*
Riegsee 130
Rießersee 129
Riffelspitze *90*
Rißrokogel 19
Rosenheim 20, 29, 133f.
Roßholzen 134
Roßstein 19
Rott am Inn 20, 136
Rottach-Egern 19, 27, 29, *93f.*, 132
Rottenbuch *9*, 21, *63*, 126
Ruhpolding 21, 29, 35, 137f.

Sachrang *24, 31, 102*
Samerberg 20, *94, 111*, 134

Sandizell 121
Sankt Bartholomä *109, 137*, 139
Sankt Heinrich 130
Sankt Leonhard im Forst 124
Sankt Ottilien 123
Schachen 36
Schäftlarn 23, 32, 128
Scheyern 16, 121
Schildenstein 19
Schleching 21, 137
Schlehdorf 23, 32, *84f.*, 128
Schleierfälle *30*
Schleißheim 122
Schliersee 13, 19, 23, 28, 30, 132
Schmalensee *128, 138*
Schönangerspitze *90*
Schönau 21
Schönbrunn 122
Schöngeising 123
Schönramer Filz 36, 140
Schondorf *2*
Schongau 13, 15, 17, 124f.
Schrobenhausen 121
Schwabstadl 36
Schwarzbachwachtsattel 21, 138
Schwifting *76*
Seebruck 135
Seefeld 127
Seehamer See *29*
Seehausen 28
Seeon *100*, 135
Seeshaupt *61*, 130
Setzberg 19
Sielenbach 31, 121
Siegsdorf 27, 136f.
Sigmertshausen 122
Simssee *94*
Sindelsdorf 128
Sonntagshorn 35, 36
Sossauer Filz 36
Spitzingsee 19, 132
Staffelsee 130
Starkern *22*
Starnberg *126*, 127
Starnberger See 17, *60f., 61*, 126, *127*, 127, 130
Staubfall 35
Staufeneck, Burg 139
Steinernes Meer *7*, 29, 138
Steingaden 28, 125
Steinkirchen 134
Steinplatte 137
Stock 135
Sudelfeld 40, 133
Sylvensteinsee 36, 131

Tachinger See 21, 140
Tatzelwurm 133
Taubenberg 15

Tegelberg 36
Tegernsee 19, 23 28, 32, *93f., 130*, 132
Teisendorf 30
Thaining 124
Thumsee 138
Tiefkarspitze *10f.*
Tittmoning 13, 27, 31, 135
Törwang *22, 94, 95*, 134
Traubing 127
Traunstein *4*, 15, *27*, 27, *96f.*, 140
Trostberg 135
Türkenfed 123
Tuntenhausen 133
Tutzing 28, *60f.*, 126

Unteremmendorf 121
Unterwössen 21
Urfahrn 133
Urfeld 129
Urschalling *98*, 124
Utting *65*

Vilgertshofen 29, 31 68, 124
Vorderriß 36, 131

Waging 140
Waginger See 21, 140
Walchensee 18, 19, *86f.*, 129
Wallberg 19, *93f.*, 132
Wallgau 18, 36, *81*, 129
Wamberg *78*
Wank *78*, 129
Wasserburg 18, 27, 45, *124*, 136
Watzmann *7*, 21, 31, 34, 36, *116, 118f.*, 138, 139
Waxenstein *90*, 129
Weihenlinden 133
Weihenstephan 32
Weil 124
Weildorf 140
Weilheim 126
Weitsee 35, 137
Weltenburg 23
Wendelstein *4, 15, 19*, 19, *23, 31, 104f., 107*, 132f., 135
Weßlinger See 107
Wessobrunn 17, 23, *67*, 124
Westerbuchberg 15
Westerndorf 134
Wettersteingebirge 14, 18, 36, *78, 86f., 131*
Weyarn *59*, 130
Wiechs 133
Wieskirche *9*, 18, 31, 125f.
Wildsteig 30, 126
Wilparting 133
Wimbachklamm *115, 137*, 139

Impressum
Karte: Astrid Fischer-Leitl, München.

Lektorat: Christa Klus, Rebekka Göpfert
Bildgestaltung: Joachim Hellmuth
Layout: H. Leonhard Guha
Umschlaggestaltung: Heinz Kraxenberger, München
Reproduktionen: Fotolitho Longo, I-Bozen
Herstellung: Gabriele Kutscha
Druck: MKT Print, Slovenia

Die Deutsche Bibliothek – CIP-Einheitsaufnahme
Ein Titeldatensatz für diese Publikation ist bei der Deutschen Bibliothek erhältlich.

Für diese genehmigte Sonderausgabe:
© 2005 Sconto bei C.J. Bucher Verlag GmbH, München

Für die Originalausgabe:
© C.J. Bucher Verlag GmbH, München
Alle Rechte vorbehalten
ISBN 3-86517-065-X